Anteilsbasierte Vergütung nach IFRS 2

Oliver Köster

Anteilsbasierte Vergütung nach IFRS 2

Kommentierung der
Share-based Payments

 Springer Gabler

Oliver Köster
Deloitte AG
Zürich, Schweiz

ISBN 978-3-658-01550-3   ISBN 978-3-658-01551-0 (eBook)
DOI 10.1007/978-3-658-01551-0

Die Deutsche Nationalbibliothek verzeichnet diese Publikation in der Deutschen Nationalbibliografie;
detaillierte bibliografische Daten sind im Internet über http://dnb.d-nb.de abrufbar.

Springer Gabler
© Springer Fachmedien Wiesbaden 2013

Springer Gabler ist eine Marke von Springer DE. Springer DE ist Teil der Fachverlagsgruppe Springer
Science+Business Media.
www.springer-gabler.de

Vorwort

Auch wenn sich die Diskussion um die Management-Vergütung in Aktienoptionen zuletzt auf Grund der Börsenentwicklungen etwas beruhigt hat, so spielen die anteilsbasierten Vergütungen in der Unternehmenspraxis weiterhin eine große Rolle. Sie sind ein wichtiges Instrument zur Lösung der *Principal-Agent-Problematik* im Hinblick auf einen potenziellen Zielkonflikt zwischen Unternehmenseigentümern und externem Management. So haben sich in der Vergangenheit vielfältige Ausprägungsformen anteilsbasierter Vergütungen entwickelt, die auf die Besonderheiten der individuellen Unternehmenssituation und die damit verbundenen strategischen Zielsetzungen zugeschnitten sind. Darüber hinaus hat sich die Verbreitung auch in mittelständischen, nicht börsennotierten Unternehmen stark ausgeweitet.

Die mit den anteilsbasierten Vergütungssystemen zusammenhängenden Rechnungslegungsfragen wurden lange Zeit kontrovers diskutiert, insbesondere bei solchen Vergütungsformen, bei denen keine Zahlungsmittel fließen, sondern bestehende Anteilsrechte oder Rechte zum Erwerb von Anteilen (Optionen) ausgegeben werden. Strittig war insbesondere, ob eine Vergütungen in Form von Eigenkapitalinstrumenten überhaupt zu einem Aufwand auf Unternehmensebene führen kann oder, ob es sich nicht vielmehr um eine reine Eigenkapitaltransaktion zwischen den bestehenden und den neu hinzutretenden Anteilseignern handelt. Ebenso strittig wurden die damit zusammenhängenden Bewertungsfragen diskutiert.

Mit dem IFRS 2 *Share-Based Payment* hat das IASB erstmalig in 2004 eine Sondervorschrift erlassen, die umfassende Bilanzierungs- und Bewertungsregeln für diesen Bereich enthält. Zwischenzeitlich ist der Standard in einigen Detailfragen mehrfach überarbeitet worden; in seinen Grundzügen hat er aber weiterhin Gültigkeit. Der Standard gilt nicht zuletzt auf Grund der mit diesem Bereich zusammenhängenden Bewertungsfragen als äußerst komplex. Entgegen vieler anders lautender Kommentare in der Standardsetzungsphase hat sich das IASB für einen Zeitwertansatz entschieden, der bei der Mehrzahl der anteilsbasierten Vergütungen eine Optionspreisbewertung erforderlich macht.

Können einfachere Vergütungsformen (*Plain Vanilla Optionen*) noch mit einfacheren, einperiodigen Optionspreismodellen, wie z.B. dem Black-Scholes-Modell abgebildet werden und vom Unternehmen selbst durchgeführt werden, erfordern Vergütungsmodelle mit verschiedenen Ausübungsbedingungen i.d.R. komplexere Bewertungsmodelle, wie Binominalmodelle, Monte-Carlo-Simulationen oder Realoptionspreismodelle, die häufig nur mit externen Spezialisten bewältigt werden können. Verantwortlich für die IFRS-konforme Rechnungslegung ist und bleibt aber die Geschäftsleitung des Unternehmens, die sich daher intensiv mit den Bilanzierungsfragen auseinandersetzen muss, und insbesondere die Klassifizierung in die unterschiedlichen Vergütungsformen (*equity-* oder *cash-settled*) und die entsprechenden Bewertungsfragen und –modelle, sowie deren Anwendungsvoraussetzungen und Einschränkungen verstehen muss. Idealerweise finden diese Fragen schon in der Gestaltungsphase Berücksichtigung, da die bilanzielle Behandlung eine Zieldimension bei der Entscheidungsfindung bzw. der Strukturierung einer anteilsbasierten Vergütung darstellen sollte.

Der vorliegende Kommentar soll den für die Rechnungslegung Verantwortlichen im Unternehmen, deren Berater und Abschlussprüfer aber auch andere interne wie externe Bilanzadressaten (z.B. Analysten) einen detaillierten Überblick über die in IFRS 2 enthaltenen Vorschriften zur Bilanzierung von anteilsbasierten Vergütungen geben. Ziel ist es hierbei dem Leser das Verständnis der IFRS 2 zugrunde liegenden Prinzipien zu vermitteln und darauf aufbauend die Beantwortung von Bilanzierungsfragen im Einzelfall zu ermöglichen. Aus diesem Grunde gibt der Kommentar zunächst den ungekürzten englischen Originaltext des Standards wieder. Hieran schließt sich dann in einem zweiten Abschnitt die unserem Kommentar zur internationalen Rechnungslegung entnommene deutsche Kommentierung des Rechnungslegungsstandards an.

Oliver Köster

Zürich im Januar 2013

Inhaltsübersicht

International Financial Reporting Standard 2
Share-based Payment[1]

Objective

1   The objective of this IFRS is to specify the financial reporting by an entity when it undertakes a *share-based payment transaction*. In particular, it requires an entity to reflect in its profit or loss and financial position the effects of share-based payment transactions, including expenses associated with transactions in which *share options* are granted to employees.

Scope

2   An entity shall apply this IFRS in accounting for all share-based payment transactions, whether or not the entity can identify specifically some or all of the goods or services received, including:

    (a)   *equity-settled share-based payment transactions,*

    (b)   *cash-settled share-based payment transactions*, and

    (c)   transactions in which the entity receives or acquires goods or services and the terms of the arrangement provide either the entity or the supplier of those goods or services with a choice of whether the entity settles the transaction in cash (or other assets) or by issuing equity instruments,

except as noted in paragraphs 3A–6. In the absence of specifically identifiable goods or services, other circumstances may indicate that goods or services have been (or will be) received, in which case this IFRS applies.

3   [Deleted]

3A   A share-based payment transaction may be settled by another group entity (or a shareholder of any group entity) on behalf of the entity receiving or acquiring the goods or services. Paragraph 2 also applies to an entity that

    (a)   receives goods or services when another entity in the same group (or a shareholder of any group entity) has the obligation to settle the share-based payment transaction, or

    (b)   has an obligation to settle a share-based payment transaction when another entity in the same group receives the goods or services

unless the transaction is clearly for a purpose other than payment for goods or services supplied to the entity receiving them.

4   For the purposes of this IFRS, a transaction with an employee (or other party) in his/her capacity as a holder of equity instruments of the entity is not a share-based payment transaction. For example, if an entity grants all holders of a particular class of its equity instruments the right to acquire additional equity instruments of the entity at a price that is less than the fair value of those equity instruments, and an employee receives such a right because he/she is a holder of equity instruments of that particular class, the granting or exercise of that right is not subject to the requirements of this IFRS.

5   As noted in paragraph 2, this IFRS applies to share-based payment transactions in which an entity acquires or receives goods or services. Goods includes inventories, consumables, property, plant and equipment, intangible assets and other non-financial assets. However, an entity shall not apply this IFRS to transactions in which the entity acquires goods as part of the net assets acquired in a business combination as defined by IFRS 3 *Business Combinations* (as revised in 2008) , in a combination of entities or businesses under common control as described in paragraphs B1–B4 of IFRS 3, or the contribution of a business on the formation of a joint venture as defined by IAS 31 *Interests in Joint Ventures..* Hence, equity instruments

---

1   in der englischen nicht-bindenden EU-Fassung vom 12.6.2009.

issued in a business combination in exchange for control of the acquiree are not within the scope of this IFRS. However, equity instruments granted to employees of the acquiree in their capacity as employees (eg in return for continued service) are within the scope of this IFRS. Similarly, the cancellation, replacement or other modification of *share-based payment arrangements* because of a business combination or other equity restructuring shall be accounted for in accordance with this IFRS. IFRS 3 provides guidance on determining whether equity instruments issued in a business combination are part of the consideration transferred in exchange for control of the acquiree (and therefore within the scope of IFRS 3) or are in return for continued service to be recognised in the post-combination period (and therefore within the scope of this IFRS).

6   This IFRS does not apply to share-based payment transactions in which the entity receives or acquires goods or services under a contract within the scope of paragraphs 8–10 of IAS 32 *Financial Instruments: Presentation* (as revised in 2003)* or paragraphs 5–7 of IAS 39 *Financial Instruments: Recognition and Measurement* (as revised in 2003).

Recognition

7   **An entity shall recognise the goods or services received or acquired in a share-based payment transaction when it obtains the goods or as the services are received. The entity shall recognise a corresponding increase in equity if the goods or services were received in an equity-settled share-based payment transaction, or a liability if the goods or services were acquired in a cash-settled share-based payment transaction.**

8   **When the goods or services received or acquired in a share-based payment transaction do not qualify for recognition as assets, they shall be recognised as expenses.**

9   Typically, an expense arises from the consumption of goods or services. For example, services are typically consumed immediately, in which case an expense is recognised as the counterparty renders service. Goods might be consumed over a period of time or, in the case of inventories, sold at a later date, in which case an expense is recognised when the goods are consumed or sold. However, sometimes it is necessary to recognise an expense before the goods or services are consumed or sold, because they do not qualify for recognition as assets. For example, an entity might acquire goods as part of the research phase of a project to develop a new product. Although those goods have not been consumed, they might not qualify for recognition as assets under the applicable IFRS.

Equity-settled share-based payment transactions

Overview

10   **For equity-settled share-based payment transactions, the entity shall measure the goods or services received, and the corresponding increase in equity, directly, at the fair value of the goods or services received, unless that fair value cannot be estimated reliably. If the entity cannot estimate reliably the fair value of the goods or services received, the entity shall measure their value, and the corresponding increase in equity, indirectly, by reference to† the fair value of the equity instruments granted.**

11   To apply the requirements of paragraph 10 to transactions with *employees and others providing similar services*,‡ the entity shall measure the fair value of the services received by reference to the fair value of the equity instruments granted, because typically it is not possible to estimate reliably the fair value of the services received, as explained in paragraph 12. The fair value of those equity instruments shall be measured at *grant date*.

---

*   The title of IAS 32 was amended in 2005.

†   This IFRS uses the phrase 'by reference to' rather than 'at', because the transaction is ultimately measured by multiplying the fair value of the equity instruments granted, measured at the date specified in paragraph 11 or 13 (whichever is applicable), by the number of equity instruments that vest, as explained in paragraph 19.

‡   In the remainder of this IFRS, all references to employees also includes others providing similar services.

12   Typically, shares, share options or other equity instruments are granted to employees as part of their remuneration package, in addition to a cash salary and other employment benefits. Usually, it is not possible to measure directly the services received for particular components of the employee's remuneration package. It might also not be possible to measure the fair value of the total remuneration package independently, without measuring directly the fair value of the equity instruments granted. Furthermore, shares or share options are sometimes granted as part of a bonus arrangement, rather than as a part of basic remuneration, eg as an incentive to the employees to remain in the entity's employ or to reward them for their efforts in improving the entity's performance. By granting shares or share options, in addition to other remuneration, the entity is paying additional remuneration to obtain additional benefits. Estimating the fair value of those additional benefits is likely to be difficult. Because of the difficulty of measuring directly the fair value of the services received, the entity shall measure the fair value of the employee services received by reference to the fair value of the equity instruments granted.

13   To apply the requirements of paragraph 10 to transactions with parties other than employees, there shall be a rebuttable presumption that the fair value of the goods or services received can be estimated reliably. That fair value shall be measured at the date the entity obtains the goods or the counterparty renders service. In rare cases, if the entity rebuts this presumption because it cannot estimate reliably the fair value of the goods or services received, the entity shall measure the goods or services received, and the corresponding increase in equity, indirectly, by reference to the fair value of the equity instruments granted, measured at the date the entity obtains the goods or the counterparty renders service.

13A   In particular, if the identifiable consideration received (if any) by the entity appears to be less than the fair value of the equity instruments granted or liability incurred, typically this situation indicates that other consideration (ie unidentifiable goods or services) has been (or will be) received by the entity. The entity shall measure the identifiable goods or services received in accordance with this IFRS. The entity shall measure the unidentifiable goods or services received (or to be received) as the difference between the fair value of the share-based payment and the fair value of any identifiable goods or services received (or to be received). The entity shall measure the unidentifiable goods or services received at the grant date. However, for cash-settled transactions, the liability shall be remeasured at the end of each reporting period until it is settled in accordance with paragraphs 30–33.

Transactions in which services are received

14   If the equity instruments granted *vest* immediately, the counterparty is not required to complete a specified period of service before becoming unconditionally entitled to those equity instruments. In the absence of evidence to the contrary, the entity shall presume that services rendered by the counterparty as consideration for the equity instruments have been received. In this case, on grant date the entity shall recognise the services received in full, with a corresponding increase in equity.

15   If the equity instruments granted do not vest until the counterparty completes a specified period of service, the entity shall presume that the services to be rendered by the counterparty as consideration for those equity instruments will be received in the future, during the *vesting period*. The entity shall account for those services as they are rendered by the counterparty during the vesting period, with a corresponding increase in equity. For example:

(a)   if an employee is granted share options conditional upon completing three years' service, then the entity shall presume that the services to be rendered by the employee as consideration for the share options will be received in the future, over that three-year vesting period.

(b)   if an employee is granted share options conditional upon the achievement of a performance condition and remaining in the entity's employ until that performance condition is satisfied, and the length of the vesting period varies depending on when that performance condition is satisfied, the entity shall presume that the services to be rendered by the employee as consideration for the share options will be received in the future, over the expected vesting period. The entity shall estimate the length of the expected vesting period at grant date, based on the most likely outcome of the performance condition. If the performance condition is a *market condition*, the estimate of the length of the expected vesting period shall be consistent with the assumptions used in estimating the fair value of the options granted, and shall not be subsequently revised. If the performance condition is not a market condition, the entity shall revise its estimate of the length of the vesting period, if necessary, if subsequent information indicates that the length of the vesting period differs from previous estimates.

Transactions measured by reference to the fair value of the equity instruments granted

Determining the fair value of equity instruments granted

16   For transactions measured by reference to the fair value of the equity instruments granted, an entity shall measure the fair value of equity instruments granted at the *measurement date*, based on market prices if available, taking into account the terms and conditions upon which those equity instruments were granted (subject to the requirements of paragraphs 19–22).

17   If market prices are not available, the entity shall estimate the fair value of the equity instruments granted using a valuation technique to estimate what the price of those equity instruments would have been on the measurement date in an arm's length transaction between knowledgeable, willing parties. The valuation technique shall be consistent with generally accepted valuation methodologies for pricing financial instruments, and shall incorporate all factors and assumptions that knowledgeable, willing market participants would consider in setting the price (subject to the requirements of paragraphs 19–22).

18   Appendix B contains further guidance on the measurement of the fair value of shares and share options, focusing on the specific terms and conditions that are common features of a grant of shares or share options to employees.

Treatment of vesting conditions

19   A grant of equity instruments might be conditional upon satisfying specified *vesting conditions*. For example, a grant of shares or share options to an employee is typically conditional on the employee remaining in the entity's employ for a specified period of time. There might be performance conditions that must be satisfied, such as the entity achieving a specified growth in profit or a specified increase in the entity's share price. Vesting conditions, other than market conditions, shall not be taken into account when estimating the fair value of the shares or share options at the measurement date. Instead, vesting conditions shall be taken into account by adjusting the number of equity instruments included in the measurement of the transaction amount so that, ultimately, the amount recognised for goods or services received as consideration for the equity instruments granted shall be based on the number of equity instruments that eventually vest. Hence, on a cumulative basis, no amount is recognised for goods or services received if the equity instruments granted do not vest because of failure to satisfy a vesting condition, eg the counterparty fails to complete a specified service period, or a performance condition is not satisfied, subject to the requirements of paragraph 21.

20   To apply the requirements of paragraph 19, the entity shall recognise an amount for the goods or services received during the vesting period based on the best available estimate of the number of equity instruments expected to vest and shall revise that estimate, if necessary, if subsequent information indicates that the number of equity instruments expected to vest differs from previous estimates. On vesting date, the entity shall revise the estimate to equal the number of equity instruments that ultimately vested, subject to the requirements of paragraph 21.

21   Market conditions, such as a target share price upon which vesting (or exercisability) is conditioned, shall be taken into account when estimating the fair value of the equity instruments granted. Therefore, for grants of equity instruments with market conditions, the entity shall recognise the goods or services received from a counterparty who satisfies all other vesting conditions (eg services received from an employee who remains in service for the specified period of service), irrespective of whether that market condition is satisfied.

Treatment of non-vesting conditions

21A   Similarly, an entity shall take into account all non-vesting conditions when estimating the fair value of the equity instruments granted. Therefore, for grants of equity instruments with non-vesting conditions, the entity shall recognise the goods or services received from a counterparty that satisfies all vesting conditions that are not market conditions (eg services received from an employee who remains in service for the specified period of service), irrespective of whether those non-vesting conditions are satisfied.

Treatment of a reload feature

22   For options with a *reload feature*, the reload feature shall not be taken into account when estimating the fair value of options granted at the measurement date. Instead, a *reload option* shall be accounted for as a new option grant, if and when a reload option is subsequently granted.

After vesting date

23   Having recognised the goods or services received in accordance with paragraphs 10–22, and a corresponding increase in equity, the entity shall make no subsequent adjustment to total equity after vesting date. For example, the entity shall not subsequently reverse the amount recognised for services received from an employee if the vested equity instruments are later forfeited or, in the case of share options, the options are not exercised. However, this requirement does not preclude the entity from recognising a transfer within equity, ie a transfer from one component of equity to another.

If the fair value of the equity instruments cannot be estimated reliably

24   The requirements in paragraphs 16–23 apply when the entity is required to measure a share-based payment transaction by reference to the fair value of the equity instruments granted. In rare cases, the entity may be unable to estimate reliably the fair value of the equity instruments granted at the measurement date, in accordance with the requirements in paragraphs 16–22. In these rare cases only, the entity shall instead:

(a)   measure the equity instruments at their *intrinsic value*, initially at the date the entity obtains the goods or the counterparty renders service and subsequently at each end of the reporting period and at the date of final settlement, with any change in intrinsic value recognised in profit or loss. For a grant of share options, the share-based payment arrangement is finally settled when the options are exercised, are forfeited (eg upon cessation of employment) or lapse (eg at the end of the option's life).

(b)   recognise the goods or services received based on the number of equity instruments that ultimately vest or (where applicable) are ultimately exercised. To apply this requirement to share options, for example, the entity shall recognise the goods or services received during the vesting period, if any, in accordance with paragraphs 14 and 15, except that the requirements in paragraph 15(b) concerning a market condition do not apply. The amount recognised for goods or services received during the vesting period shall be based on the number of share options expected to vest. The entity shall revise that estimate, if necessary, if subsequent information indicates that the number of share options expected to vest differs from previous estimates. On vesting date, the entity shall revise the estimate to equal the number of equity instruments that ultimately vested. After vesting date, the entity shall reverse the amount recognised for goods or services received if the share options are later forfeited, or lapse at the end of the share option's life.

25   If an entity applies paragraph 24, it is not necessary to apply paragraphs 26–29, because any modifications to the terms and conditions on which the equity instruments were granted will be taken into account when applying the intrinsic value method set out in paragraph 24. However, if an entity settles a grant of equity instruments to which paragraph 24 has been applied:

(a)   if the settlement occurs during the vesting period, the entity shall account for the settlement as an acceleration of vesting, and shall therefore recognise immediately the amount that would otherwise have been recognised for services received over the remainder of the vesting period.

(b)   any payment made on settlement shall be accounted for as the repurchase of equity instruments, ie as a deduction from equity, except to the extent that the payment exceeds the intrinsic value of the equity instruments, measured at the repurchase date. Any such excess shall be recognised as an expense.

Modifications to the terms and conditions on which equity instruments were granted, including cancellations and settlements

26   An entity might modify the terms and conditions on which the equity instruments were granted. For example, it might reduce the exercise price of options granted to employees (ie reprice the options), which increases the fair value of those options. The requirements in paragraphs 27–29 to account for the effects of modifications are expressed in the context of share-based payment transactions with employees. However, the requirements shall also be applied to share-based payment transactions with parties other than employees that are measured by reference to the fair value of the equity instruments granted. In the latter case, any references in paragraphs 27–29 to grant date shall instead refer to the date the entity obtains the goods or the counterparty renders service.

27   The entity shall recognise, as a minimum, the services received measured at the grant date fair value of the equity instruments granted, unless those equity instruments do not vest because of failure to satisfy a vesting condition (other than a market condition) that was specified at grant date. This applies irrespective of any modifications to the terms and conditions on which the equity instruments were granted, or a cancellation or settlement of that grant of equity instruments. In addition, the entity shall recognise the effects of modifications that increase the total fair value of the share-based payment arrangement or are otherwise beneficial to the employee. Guidance on applying this requirement is given in Appendix B.

28   If a grant of equity instruments is cancelled or settled during the vesting period (other than a grant cancelled by forfeiture when the vesting conditions are not satisfied) …

        (a)   the entity shall account for the cancellation or settlement as an acceleration of vesting, and shall therefore recognise immediately the amount that otherwise would have been recognised for services received over the remainder of the vesting period.

        (b)   … Any such excess shall be recognised as an expense. However, if the share-based payment arrangement included liability components, the entity shall remeasure the fair value of the liability at the date of cancellation or settlement. Any payment made to settle the liability component shall be accounted for as an extinguishment of the liability.

        (c)   if new equity instruments are granted to the employee and, on the date when those new equity instruments are granted, the entity identifies the new equity instruments granted as replacement equity instruments for the cancelled equity instruments, the entity shall account for the granting of replacement equity instruments in the same way as a modification of the original grant of equity instruments, in accordance with paragraph 27 and the guidance in Appendix B. The incremental fair value granted is the difference between the fair value of the replacement equity instruments and the net fair value of the cancelled equity instruments, at the date the replacement equity instruments are granted. The net fair value of the cancelled equity instruments is their fair value, immediately before the cancellation, less the amount of any payment made to the employee on cancellation of the equity instruments that is accounted for as a deduction from equity in accordance with (b) above. If the entity does not identify new equity instruments granted as replacement equity instruments for the cancelled equity instruments, the entity shall account for those new equity instruments as a new grant of equity instruments.

28A   If an entity or counterparty can choose whether to meet a non-vesting condition, the entity shall treat the entity's or counterparty's failure to meet that non-vesting condition during the vesting period as a cancellation.

29   If an entity repurchases vested equity instruments, the payment made to the employee shall be accounted for as a deduction from equity, except to the extent that the payment exceeds the fair value of the equity instruments repurchased, measured at the repurchase date. Any such excess shall be recognised as an expense.

Cash-settled share-based payment transactions

30   **For cash-settled share-based payment transactions, the entity shall measure the goods or services acquired and the liability incurred at the fair value of the liability. Until the liability is settled, the**

entity shall remeasure the fair value of the liability at each end of the reporting period and at the date of settlement, with any changes in fair value recognised in profit or loss for the period.

31   For example, an entity might grant share appreciation rights to employees as part of their remuneration package, whereby the employees will become entitled to a future cash payment (rather than an equity instrument), based on the increase in the entity's share price from a specified level over a specified period of time. Or an entity might grant to its employees a right to receive a future cash payment by granting to them a right to shares (including shares to be issued upon the exercise of share options) that are redeemable, either mandatorily (eg upon cessation of employment) or at the employee's option.

32   The entity shall recognise the services received, and a liability to pay for those services, as the employees render service. For example, some share appreciation rights vest immediately, and the employees are therefore not required to complete a specified period of service to become entitled to the cash payment. In the absence of evidence to the contrary, the entity shall presume that the services rendered by the employees in exchange for the share appreciation rights have been received. Thus, the entity shall recognise immediately the services received and a liability to pay for them. If the share appreciation rights do not vest until the employees have completed a specified period of service, the entity shall recognise the services received, and a liability to pay for them, as the employees render service during that period.

33   The liability shall be measured, initially and at each end of the reporting period until settled, at the fair value of the share appreciation rights, by applying an option pricing model, taking into account the terms and conditions on which the share appreciation rights were granted, and the extent to which the employees have rendered service to date.

Share-based payment transactions with cash alternatives

34   **For share-based payment transactions in which the terms of the arrangement provide either the entity or the counterparty with the choice of whether the entity settles the transaction in cash (or other assets) or by issuing equity instruments, the entity shall account for that transaction, or the components of that transaction, as a cash-settled share-based payment transaction if, and to the extent that, the entity has incurred a liability to settle in cash or other assets, or as an equity-settled share-based payment transaction if, and to the extent that, no such liability has been incurred.**

Share-based payment transactions in which the terms of the arrangement provide the counterparty with a choice of settlement

35   If an entity has granted the counterparty the right to choose whether a share-based payment transaction is settled in cash * or by issuing equity instruments, the entity has granted a compound financial instrument, which includes a debt component (ie the counterparty's right to demand payment in cash) and an equity component (ie the counterparty's right to demand settlement in equity instruments rather than in cash). For transactions with parties other than employees, in which the fair value of the goods or services received is measured directly, the entity shall measure the equity component of the compound financial instrument as the difference between the fair value of the goods or services received and the fair value of the debt component, at the date when the goods or services are received.

36   For other transactions, including transactions with employees, the entity shall measure the fair value of the compound financial instrument at the measurement date, taking into account the terms and conditions on which the rights to cash or equity instruments were granted.

37   To apply paragraph 36, the entity shall first measure the fair value of the debt component, and then measure the fair value of the equity component—taking into account that the counterparty must forfeit the right to receive cash in order to receive the equity instrument. The fair value of the compound financial instrument is the sum of the fair values of the two components. However, share-based payment transactions in which the counterparty has the choice of settlement are often structured so that the fair value of one settlement alternative is the same as the other. For example, the counterparty might have the choice of receiving share options or cash-settled share appreciation rights. In such cases, the fair value of the equity component is zero, and hence the fair value of the compound financial instrument is the same as the fair value of the debt

---

*   In paragraphs 35–43, all references to cash also include other assets of the entity.

component. Conversely, if the fair values of the settlement alternatives differ, the fair value of the equity component usually will be greater than zero, in which case the fair value of the compound financial instrument will be greater than the fair value of the debt component.

38 The entity shall account separately for the goods or services received or acquired in respect of each component of the compound financial instrument. For the debt component, the entity shall recognise the goods or services acquired, and a liability to pay for those goods or services, as the counterparty supplies goods or renders service, in accordance with the requirements applying to cash-settled share-based payment transactions (paragraphs 30–33). For the equity component (if any), the entity shall recognise the goods or services received, and an increase in equity, as the counterparty supplies goods or renders service, in accordance with the requirements applying to equity-settled share-based payment transactions (paragraphs 10–29).

39 At the date of settlement, the entity shall remeasure the liability to its fair value. If the entity issues equity instruments on settlement rather than paying cash, the liability shall be transferred direct to equity, as the consideration for the equity instruments issued.

40 If the entity pays in cash on settlement rather than issuing equity instruments, that payment shall be applied to settle the liability in full. Any equity component previously recognised shall remain within equity. By electing to receive cash on settlement, the counterparty forfeited the right to receive equity instruments. However, this requirement does not preclude the entity from recognising a transfer within equity, ie a transfer from one component of equity to another.

Share-based payment transactions in which the terms of the arrangement provide the entity with a choice of settlement

41 For a share-based payment transaction in which the terms of the arrangement provide an entity with the choice of whether to settle in cash or by issuing equity instruments, the entity shall determine whether it has a present obligation to settle in cash and account for the share-based payment transaction accordingly. The entity has a present obligation to settle in cash if the choice of settlement in equity instruments has no commercial substance (eg because the entity is legally prohibited from issuing shares), or the entity has a past practice or a stated policy of settling in cash, or generally settles in cash whenever the counterparty asks for cash settlement.

42 If the entity has a present obligation to settle in cash, it shall account for the transaction in accordance with the requirements applying to cash-settled share-based payment transactions, in paragraphs 30–33.

43 If no such obligation exists, the entity shall account for the transaction in accordance with the requirements applying to equity-settled share-based payment transactions, in paragraphs 10–29. Upon settlement:

(a) if the entity elects to settle in cash, the cash payment shall be accounted for as the repurchase of an equity interest, ie as a deduction from equity, except as noted in (c) below.

(b) if the entity elects to settle by issuing equity instruments, no further accounting is required (other than a transfer from one component of equity to another, if necessary), except as noted in (c) below.

(c) if the entity elects the settlement alternative with the higher fair value, as at the date of settlement, the entity shall recognise an additional expense for the excess value given, ie the difference between the cash paid and the fair value of the equity instruments that would otherwise have been issued, or the difference between the fair value of the equity instruments issued and the amount of cash that would otherwise have been paid, whichever is applicable.

Share-based payment transactions among group entities (2009 amendments)

43A For share-based payment transactions among group entities, in its separate or individual financial statements, the entity receiving the goods or services shall measure the goods or services received as either an equity-settled or a cash-settled share-based payment transaction by assessing:

(a) the nature of the awards granted, and

(b) its own rights and obligations.

The amount recognised by the entity receiving the goods or services may differ from the amount recognised by the consolidated group or by another group entity settling the share-based payment transaction.

43B The entity receiving the goods or services shall measure the goods or services received as an equity-settled share-based payment transaction when:

(a) the awards granted are its own equity instruments, or

(b) the entity has no obligation to settle the share-based payment transaction.

The entity shall subsequently remeasure such an equity-settled share-based payment transaction only for changes in non-market vesting conditions in accordance with paragraphs 19–21. In all other circumstances, the entity receiving the goods or services shall measure the goods or services received as a cash-settled share-based payment transaction.

43C The entity settling a share-based payment transaction when another entity in the group receives the goods or services shall recognise the transaction as an equity-settled share-based payment transaction only if it is settled in the entity's own equity instruments. Otherwise, the transaction shall be recognised as a cash-settled share-based payment transaction.

43D Some group transactions involve repayment arrangements that require one group entity to pay another group entity for the provision of the share-based payments to the suppliers of goods or services. In such cases, the entity that receives the goods or services shall account for the share-based payment transaction in accordance with paragraph 43B regardless of intragroup repayment arrangements.

Disclosures

44 **An entity shall disclose information that enables users of the financial statements to understand the nature and extent of share-based payment arrangements that existed during the period.**

45 To give effect to the principle in paragraph 44, the entity shall disclose at least the following:

(a) a description of each type of share-based payment arrangement that existed at any time during the period, including the general terms and conditions of each arrangement, such as vesting requirements, the maximum term of options granted, and the method of settlement (eg whether in cash or equity). An entity with substantially similar types of share-based payment arrangements may aggregate this information, unless separate disclosure of each arrangement is necessary to satisfy the principle in paragraph 44.

(b) the number and weighted average exercise prices of share options for each of the following groups of options:

(i) outstanding at the beginning of the period;

(ii) granted during the period;

(iii) forfeited during the period;

(iv) exercised during the period;

(v) expired during the period;

(vi) outstanding at the end of the period; and

(vii) exercisable at the end of the period.

(c) for share options exercised during the period, the weighted average share price at the date of exercise. If options were exercised on a regular basis throughout the period, the entity may instead disclose the weighted average share price during the period.

(d) for share options outstanding at the end of the period, the range of exercise prices and weighted average remaining contractual life. If the range of exercise prices is wide, the outstanding options shall be divided into ranges that are meaningful for assessing the number and timing of additional shares that may be issued and the cash that may be received upon exercise of those options.

46 An entity shall disclose information that enables users of the financial statements to understand how the fair value of the goods or services received, or the fair value of the equity instruments granted, during the period was determined.

47 If the entity has measured the fair value of goods or services received as consideration for equity instruments of the entity indirectly, by reference to the fair value of the equity instruments granted, to give effect to the principle in paragraph 46, the entity shall disclose at least the following:

(a) for share options granted during the period, the weighted average fair value of those options at the measurement date and information on how that fair value was measured, including:

(i) the option pricing model used and the inputs to that model, including the weighted average share price, exercise price, expected volatility, option life, expected dividends, the risk-free interest rate and any other inputs to the model, including the method used and the assumptions made to incorporate the effects of expected early exercise;

(ii) how expected volatility was determined, including an explanation of the extent to which expected volatility was based on historical volatility; and

(iii) whether and how any other features of the option grant were incorporated into the measurement of fair value, such as a market condition.

(b) for other equity instruments granted during the period (ie other than share options), the number and weighted average fair value of those equity instruments at the measurement date, and information on how that fair value was measured, including:

(i) if fair value was not measured on the basis of an observable market price, how it was determined;

(ii) whether and how expected dividends were incorporated into the measurement of fair value; and

(iii) whether and how any other features of the equity instruments granted were incorporated into the measurement of fair value.

(c) for share-based payment arrangements that were modified during the period:

(i) an explanation of those modifications;

(ii) the incremental fair value granted (as a result of those modifications); and

(iii) information on how the incremental fair value granted was measured, consistently with the requirements set out in (a) and (b) above, where applicable.

48 If the entity has measured directly the fair value of goods or services received during the period, the entity shall disclose how that fair value was determined, eg whether fair value was measured at a market price for those goods or services.

49 If the entity has rebutted the presumption in paragraph 13, it shall disclose that fact, and give an explanation of why the presumption was rebutted.

50 An entity shall disclose information that enables users of the financial statements to understand the effect of share-based payment transactions on the entity's profit or loss for the period and on its financial position.

51 To give effect to the principle in paragraph 50, the entity shall disclose at least the following:

(a) the total expense recognised for the period arising from share-based payment transactions in which the goods or services received did not qualify for recognition as assets and hence were recognised immediately as an expense, including separate disclosure of that portion of the total expense that arises from transactions accounted for as equity-settled share-based payment transactions;

(b) for liabilities arising from share-based payment transactions:

(i) the total carrying amount at the end of the period; and

(ii) the total intrinsic value at the end of the period of liabilities for which the counterparty's right to cash or other assets had vested by the end of the period (eg vested share appreciation rights).

52 If the information required to be disclosed by this IFRS does not satisfy the principles in paragraphs 44, 46 and 50, the entity shall disclose such additional information as is necessary to satisfy them.

Transitional provisions

53 For equity-settled share-based payment transactions, the entity shall apply this IFRS to grants of shares, share options or other equity instruments that were granted after 7 November 2002 and had not yet vested at the effective date of this IFRS.

54 The entity is encouraged, but not required, to apply this IFRS to other grants of equity instruments if the entity has disclosed publicly the fair value of those equity instruments, determined at the measurement date.

55 For all grants of equity instruments to which this IFRS is applied, the entity shall restate comparative information and, where applicable, adjust the opening balance of retained earnings for the earliest period presented.

56 For all grants of equity instruments to which this IFRS has not been applied (eg equity instruments granted on or before 7 November 2002), the entity shall nevertheless disclose the information required by paragraphs 44 and 45.

57 If, after the IFRS becomes effective, an entity modifies the terms or conditions of a grant of equity instruments to which this IFRS has not been applied, the entity shall nevertheless apply paragraphs 26–29 to account for any such modifications.

58 For liabilities arising from share-based payment transactions existing at the effective date of this IFRS, the entity shall apply the IFRS retrospectively. For these liabilities, the entity shall restate comparative information, including adjusting the opening balance of retained earnings in the earliest period presented for which comparative information has been restated, except that the entity is not required to restate comparative information to the extent that the information relates to a period or date that is earlier than 7 November 2002.

59 The entity is encouraged, but not required, to apply retrospectively the IFRS to other liabilities arising from share-based payment transactions, for example, to liabilities that were settled during a period for which comparative information is presented.

Effective date

60 An entity shall apply this IFRS for annual periods beginning on or after 1 January 2005. Earlier application is encouraged. If an entity applies the IFRS for a period beginning before 1 January 2005, it shall disclose that fact.

61 IFRS 3 (as revised in 2008) and Improvements to IFRSs issued in April 2009 amended paragraph 5. An entity shall apply those amendments for annual periods beginning on or after 1 July 2009. Earlier application is permitted. If an entity applies IFRS 3 (revised 2008) for an earlier period, the amendments shall also be applied for that earlier period.

62 An entity shall apply the following amendments retrospectively in annual periods beginning on or after 1 January 2009:

(a) the requirements in paragraph 21A in respect of the treatment of non-vesting conditions;

(b)   the revised definitions of 'vest' and 'vesting conditions' in Appendix A;

(c)   the amendments in paragraphs 28 and 28A in respect of cancellations.

Earlier application is permitted. If an entity applies these amendments for a period beginning before 1 January 2009, it shall disclose that fact.

63   An entity shall apply the following amendments made by *Group Cash-settled Share-based Payment Transactions* issued in June 2009 retrospectively, subject to the transitional provisions in paragraphs 53–59, in accordance with IAS 8 *Accounting Policies, Changes in Accounting Estimates and Errors* for annual periods beginning on or after 1 January 2010:

(a)   the amendment of paragraph 2, the deletion of paragraph 3 and the addition of paragraphs 3A and 43A–43D and of paragraphs B45, B47, B50, B54, B56–B58 and B60 in Appendix B in respect of the accounting for transactions among group entities.

(b)   the revised definitions in Appendix A of the following terms:

•   cash-settled share-based payment transaction,

•   equity-settled share-based payment transaction,

•   share-based payment arrangement, and

•   share-based payment transaction.

If the information necessary for retrospective application is not available, an entity shall reflect in its separate or individual financial statements the amounts previously recognised in the group's consolidated financial statements. Earlier application is permitted. If an entity applies the amendments for a period beginning before 1 January 2010, it shall disclose that fact.

Withdrawal of Interpretations

64   *Group Cash-settled Share-based Payment Transactions* issued in June 2009 supersedes IFRIC 8 *Scope of IFRS 2* and IFRIC 11 *IFRS 2—Group and Treasury Share Transactions*. The amendments made by that document incorporated the previous requirements set out in IFRIC 8 and IFRIC 11 as follows:

(a)   amended paragraph 2 and added paragraph 13A in respect of the accounting for transactions in which the entity cannot identify specifically some or all of the goods or services received. Those requirements were effective for annual periods beginning on or after 1 May 2006.

(b)   added paragraphs B46, B48, B49, B51–B53, B55, B59 and B61 in Appendix B in respect of the accounting for transactions among group entities. Those requirements were effective for annual periods beginning on or after 1 March 2007.

Those requirements were applied retrospectively in accordance with the requirements of IAS 8, subject to the transitional provisions of IFRS 2.

Appendix A
Defined terms

This appendix is an integral part of the IFRS.

cash-settled share-based payment transaction	A **share-based payment transaction** in which the entity acquires goods or services by incurring a liability to transfer cash or other assets to the supplier of those goods or services for amounts that are based on the price (or value) of **equity instruments** (including shares or **share options**) of the entity or another group entity.
employees and others providing similar services	Individuals who render personal services to the entity and either (a) the individuals are regarded as employees for legal or tax purposes, (b) the individuals work for the entity under its direction in the same way as individuals who are regarded as employees for legal or tax purposes, or (c) the services rendered are similar to those rendered by employees. For example, the term encompasses all management personnel, ie those persons having authority and responsibility for planning, directing and controlling the activities of the entity, including non-executive directors.
equity instrument	A contract that evidences a residual interest in the assets of an entity after deducting all of its liabilities.*
equity instrument granted	The right (conditional or unconditional) to an **equity instrument** of the entity conferred by the entity on another party, under a **share-based payment arrangement**.
equity-settled share-based payment transaction	A **share-based payment transaction** in which the entity (a) receives goods or services as consideration for its own **equity instruments** (including shares or **share options**), or (b) receives goods or services but has no obligation to settle the transaction with the supplier.
fair value	The amount for which an asset could be exchanged, a liability settled, or an **equity instrument granted** could be exchanged, between knowledgeable, willing parties in an arm's length transaction.
grant date	The date at which the entity and another party (including an employee) agree to a **share-based payment arrangement**, being when the entity and the counterparty have a shared understanding of the terms and conditions of the arrangement. At grant date the entity confers on the counterparty the right to cash, other assets, or **equity instruments** of the entity, provided the specified **vesting conditions**, if any, are met. If that agreement is subject to an approval process (for example, by shareholders), grant date is the date when that approval is obtained.
intrinsic value	The difference between the **fair value** of the shares to which the counterparty has the (conditional or unconditional) right to subscribe or which it has the right to receive, and the price (if any) the counterparty is (or will be) required to pay for those shares. For example, a **share option** with an exercise price of CU15,[†] on a share with a **fair value** of CU20, has an intrinsic value of CU5.
market condition	A condition upon which the exercise price, vesting or exercisability of an **equity instrument** depends that is related to the market price of the entity's **equity instruments**, such as attaining a specified share price or a specified amount of **intrinsic value** of a **share option**, or achieving a specified target that is based on the market price of the entity's **equity instruments** relative to an index of market prices of **equity instruments** of other entities.

---

[*]   The *Framework* defines a liability as a present obligation of the entity arising from past events, the settlement of which is expected to result in an outflow from the entity of resources embodying economic benefits (ie an outflow of cash or other assets of the entity).

[†]   In this appendix, monetary amounts are denominated in 'currency units' (CU).

measurement date	The date at which the **fair value** of the **equity instruments granted** is measured for the purposes of this IFRS. For transactions with **employees and others providing similar services**, the measurement date is **grant date**. For transactions with parties other than employees (and those providing similar services), the measurement date is the date the entity obtains the goods or the counterparty renders service.
reload feature	A feature that provides for an automatic grant of additional **share options** whenever the option holder exercises previously granted options using the entity's shares, rather than cash, to satisfy the exercise price.
reload option	A new **share option** granted when a share is used to satisfy the exercise price of a previous **share option**.
share-based payment arrangement	An agreement between the entity (or another group[a] entity or any shareholder of any group entity) and another party (including an employee) that entitles the other party to receive

(a) cash or other assets of the entity for amounts that are based on the price (or value) of **equity instruments** (including shares or **share options**) of the entity or another group entity, or

(b) **equity instruments** (including shares or **share options**) of the entity or another group entity,

provided the specified **vesting conditions**, if any, are met.

[a] A 'group' is defined in paragraph 4 of IAS 27 *Consolidated and Separate Financial Statements* as 'a parent and its subsidiaries' from the perspective of the reporting entity's ultimate parent.

share-based payment transaction	A transaction in which the entity

(a) receives goods or services from the supplier of those goods or services (including an employee) in a **share-based payment arrangement**, or

(b) incurs an obligation to settle the transaction with the supplier in a **share-based payment arrangement** when another group entity receives those goods or services.

share option	A contract that gives the holder the right, but not the obligation, to subscribe to the entity's shares at a fixed or determinable price for a specified period of time.
vest	To become an entitlement. Under a **share-based payment arrangement**, a counterparty's right to receive cash, other assets or **equity instruments** of the entity vests when the counterparty's entitlement is no longer conditional on the satisfaction of any **vesting conditions**.
vesting conditions	The conditions that determine whether the entity receives the services that entitle the counterparty to receive cash, other assets or **equity instruments** of the entity, under a **share-based payment arrangement**. Vesting conditions are either service conditions or performance conditions. Service conditions require the counterparty to complete a specified period of service. Performance conditions require the counterparty to complete a specified period of service and specified performance targets to be met (such as a specified increase in the entity's profit over a specified period of time). A performance condition might include a **market condition**.
vesting period	The period during which all the specified **vesting conditions** of a **share-based payment arrangement** are to be satisfied.

Appendix B
Application Guidance

This appendix is an integral part of the IFRS.

Estimating the fair value of equity instruments granted

B1　Paragraphs B2–B41 of this appendix discuss measurement of the fair value of shares and share options granted, focusing on the specific terms and conditions that are common features of a grant of shares or share options to employees. Therefore, it is not exhaustive. Furthermore, because the valuation issues discussed below focus on shares and share options granted to employees, it is assumed that the fair value of the shares or share options is measured at grant date. However, many of the valuation issues discussed below (eg determining expected volatility) also apply in the context of estimating the fair value of shares or share options granted to parties other than employees at the date the entity obtains the goods or the counterparty renders service.

Shares

B2　For shares granted to employees, the fair value of the shares shall be measured at the market price of the entity's shares (or an estimated market price, if the entity's shares are not publicly traded), adjusted to take into account the terms and conditions upon which the shares were granted (except for vesting conditions that are excluded from the measurement of fair value in accordance with paragraphs 19–21).

B3　For example, if the employee is not entitled to receive dividends during the vesting period, this factor shall be taken into account when estimating the fair value of the shares granted. Similarly, if the shares are subject to restrictions on transfer after vesting date, that factor shall be taken into account, but only to the extent that the post-vesting restrictions affect the price that a knowledgeable, willing market participant would pay for that share. For example, if the shares are actively traded in a deep and liquid market, post-vesting transfer restrictions may have little, if any, effect on the price that a knowledgeable, willing market participant would pay for those shares. Restrictions on transfer or other restrictions that exist during the vesting period shall not be taken into account when estimating the grant date fair value of the shares granted, because those restrictions stem from the existence of vesting conditions, which are accounted for in accordance with paragraphs 19–21.

Share options

B4　For share options granted to employees, in many cases market prices are not available, because the options granted are subject to terms and conditions that do not apply to traded options. If traded options with similar terms and conditions do not exist, the fair value of the options granted shall be estimated by applying an option pricing model.

B5　The entity shall consider factors that knowledgeable, willing market participants would consider in selecting the option pricing model to apply. For example, many employee options have long lives, are usually exercisable during the period between vesting date and the end of the options' life, and are often exercised early. These factors should be considered when estimating the grant date fair value of the options. For many entities, this might preclude the use of the Black-Scholes-Merton formula, which does not allow for the possibility of exercise before the end of the option's life and may not adequately reflect the effects of expected early exercise. It also does not allow for the possibility that expected volatility and other model inputs might vary over the option's life. However, for share options with relatively short contractual lives, or that must be exercised within a short period of time after vesting date, the factors identified above may not apply. In these instances, the Black-Scholes-Merton formula may produce a value that is substantially the same as a more flexible option pricing model.

B6　All option pricing models take into account, as a minimum, the following factors:

(a)   the exercise price of the option;

(b)   the life of the option;

(c)   the current price of the underlying shares;

(d)   the expected volatility of the share price;

(e)   the dividends expected on the shares (if appropriate); and

(f)   the risk-free interest rate for the life of the option.

B7   Other factors that knowledgeable, willing market participants would consider in setting the price shall also be taken into account (except for vesting conditions and reload features that are excluded from the measurement of fair value in accordance with paragraphs 19–22).

B8   For example, a share option granted to an employee typically cannot be exercised during specified periods (eg during the vesting period or during periods specified by securities regulators). This factor shall be taken into account if the option pricing model applied would otherwise assume that the option could be exercised at any time during its life. However, if an entity uses an option pricing model that values options that can be exercised only at the end of the options' life, no adjustment is required for the inability to exercise them during the vesting period (or other periods during the options' life), because the model assumes that the options cannot be exercised during those periods.

B9   Similarly, another factor common to employee share options is the possibility of early exercise of the option, for example, because the option is not freely transferable, or because the employee must exercise all vested options upon cessation of employment. The effects of expected early exercise shall be taken into account, as discussed in paragraphs B16–B21.

B10   Factors that a knowledgeable, willing market participant would not consider in setting the price of a share option (or other equity instrument) shall not be taken into account when estimating the fair value of share options (or other equity instruments) granted. For example, for share options granted to employees, factors that affect the value of the option from the individual employee's perspective only are not relevant to estimating the price that would be set by a knowledgeable, willing market participant.

Inputs to option pricing models

B11   In estimating the expected volatility of and dividends on the underlying shares, the objective is to approximate the expectations that would be reflected in a current market or negotiated exchange price for the option. Similarly, when estimating the effects of early exercise of employee share options, the objective is to approximate the expectations that an outside party with access to detailed information about employees' exercise behaviour would develop based on information available at the grant date.

B12   Often, there is likely to be a range of reasonable expectations about future volatility, dividends and exercise behaviour. If so, an expected value should be calculated, by weighting each amount within the range by its associated probability of occurrence.

B13   Expectations about the future are generally based on experience, modified if the future is reasonably expected to differ from the past. In some circumstances, identifiable factors may indicate that unadjusted historical experience is a relatively poor predictor of future experience. For example, if an entity with two distinctly different lines of business disposes of the one that was significantly less risky than the other, historical volatility may not be the best information on which to base reasonable expectations for the future.

B14   In other circumstances, historical information may not be available. For example, a newly listed entity will have little, if any, historical data on the volatility of its share price. Unlisted and newly listed entities are discussed further below.

B15   In summary, an entity should not simply base estimates of volatility, exercise behaviour and dividends on historical information without considering the extent to which the past experience is expected to be reasonably predictive of future experience.

Expected early exercise

B16   Employees often exercise share options early, for a variety of reasons. For example, employee share options are typically non-transferable. This often causes employees to exercise their share options early, because that is the only way for the employees to liquidate their position. Also, employees who cease employment are usually required to exercise any vested options within a short period of time, otherwise the share options are forfeited. This factor also causes the early exercise of employee share options. Other factors causing early exercise are risk aversion and lack of wealth diversification.

B17   The means by which the effects of expected early exercise are taken into account depends upon the type of option pricing model applied. For example, expected early exercise could be taken into account by using an estimate of the option's expected life (which, for an employee share option, is the period of time from grant date to the date on which the option is expected to be exercised) as an input into an option pricing model (eg the Black-Scholes-Merton formula). Alternatively, expected early exercise could be modelled in a binomial or similar option pricing model that uses contractual life as an input.

B18   Factors to consider in estimating early exercise include:

(a)   the length of the vesting period, because the share option typically cannot be exercised until the end of the vesting period. Hence, determining the valuation implications of expected early exercise is based on the assumption that the options will vest. The implications of vesting conditions are discussed in paragraphs 19–21.

(b)   the average length of time similar options have remained outstanding in the past.

(c)   the price of the underlying shares. Experience may indicate that the employees tend to exercise options when the share price reaches a specified level above the exercise price.

(d)   the employee's level within the organisation. For example, experience might indicate that higher-level employees tend to exercise options later than lower-level employees (discussed further in paragraph B21).

(e)   expected volatility of the underlying shares. On average, employees might tend to exercise options on highly volatile shares earlier than on shares with low volatility.

B19   As noted in paragraph B17, the effects of early exercise could be taken into account by using an estimate of the option's expected life as an input into an option pricing model. When estimating the expected life of share options granted to a group of employees, the entity could base that estimate on an appropriately weighted average expected life for the entire employee group or on appropriately weighted average lives for subgroups of employees within the group, based on more detailed data about employees' exercise behaviour (discussed further below).

B20   Separating an option grant into groups for employees with relatively homogeneous exercise behaviour is likely to be important. Option value is not a linear function of option term; value increases at a decreasing rate as the term lengthens. For example, if all other assumptions are equal, although a two-year option is worth more than a one-year option, it is not worth twice as much. That means that calculating estimated option value on the basis of a single weighted average life that includes widely differing individual lives would overstate the total fair value of the share options granted. Separating options granted into several groups, each of which has a relatively narrow range of lives included in its weighted average life, reduces that overstatement.

B21   Similar considerations apply when using a binomial or similar model. For example, the experience of an entity that grants options broadly to all levels of employees might indicate that top-level executives tend to hold their options longer than middle-management employees hold theirs and that lower-level employees tend to exercise their options earlier than any other group. In addition, employees who are encouraged or required to hold a minimum amount of their employer's equity instruments, including options, might on average exercise options later than employees not subject to that provision. In those situations, separating options by groups of recipients with relatively homogeneous exercise behaviour will result in a more accurate estimate of the total fair value of the share options granted.

Expected volatility

B22 Expected volatility is a measure of the amount by which a price is expected to fluctuate during a period. The measure of volatility used in option pricing models is the annualised standard deviation of the continuously compounded rates of return on the share over a period of time. Volatility is typically expressed in annualised terms that are comparable regardless of the time period used in the calculation, for example, daily, weekly or monthly price observations.

B23 The rate of return (which may be positive or negative) on a share for a period measures how much a shareholder has benefited from dividends and appreciation (or depreciation) of the share price.

B24 The expected annualised volatility of a share is the range within which the continuously compounded annual rate of return is expected to fall approximately two-thirds of the time. For example, to say that a share with an expected continuously compounded rate of return of 12 per cent has a volatility of 30 per cent means that the probability that the rate of return on the share for one year will be between –18 per cent (12% – 30%) and 42 per cent (12% + 30%) is approximately two-thirds. If the share price is CU100 at the beginning of the year and no dividends are paid, the year-end share price would be expected to be between CU83.53 (CU100 × e$^{-0.18}$) and CU152.20 (CU100 × e$^{0.42}$) approximately two-thirds of the time.

B25 Factors to consider in estimating expected volatility include:

(a) implied volatility from traded share options on the entity's shares, or other traded instruments of the entity that include option features (such as convertible debt), if any.

(b) the historical volatility of the share price over the most recent period that is generally commensurate with the expected term of the option (taking into account the remaining contractual life of the option and the effects of expected early exercise).

(c) the length of time an entity's shares have been publicly traded. A newly listed entity might have a high historical volatility, compared with similar entities that have been listed longer. Further guidance for newly listed entities is given below.

(d) the tendency of volatility to revert to its mean, ie its long-term average level, and other factors indicating that expected future volatility might differ from past volatility. For example, if an entity's share price was extraordinarily volatile for some identifiable period of time because of a failed takeover bid or a major restructuring, that period could be disregarded in computing historical average annual volatility.

(e) appropriate and regular intervals for price observations. The price observations should be consistent from period to period. For example, an entity might use the closing price for each week or the highest price for the week, but it should not use the closing price for some weeks and the highest price for other weeks. Also, the price observations should be expressed in the same currency as the exercise price.

Newly listed entities

B26 As noted in paragraph B25, an entity should consider historical volatility of the share price over the most recent period that is generally commensurate with the expected option term. If a newly listed entity does not have sufficient information on historical volatility, it should nevertheless compute historical volatility for the longest period for which trading activity is available. It could also consider the historical volatility of similar entities following a comparable period in their lives. For example, an entity that has been listed for only one year and grants options with an average expected life of five years might consider the pattern and level of historical volatility of entities in the same industry for the first six years in which the shares of those entities were publicly traded.

Unlisted entities

B27 An unlisted entity will not have historical information to consider when estimating expected volatility. Some factors to consider instead are set out below.

B28   In some cases, an unlisted entity that regularly issues options or shares to employees (or other parties) might have set up an internal market for its shares. The volatility of those share prices could be considered when estimating expected volatility.

B29   Alternatively, the entity could consider the historical or implied volatility of similar listed entities, for which share price or option price information is available, to use when estimating expected volatility. This would be appropriate if the entity has based the value of its shares on the share prices of similar listed entities.

B30   If the entity has not based its estimate of the value of its shares on the share prices of similar listed entities, and has instead used another valuation methodology to value its shares, the entity could derive an estimate of expected volatility consistent with that valuation methodology. For example, the entity might value its shares on a net asset or earnings basis. It could consider the expected volatility of those net asset values or earnings.

Expected dividends

B31   Whether expected dividends should be taken into account when measuring the fair value of shares or options granted depends on whether the counterparty is entitled to dividends or dividend equivalents.

B32   For example, if employees were granted options and are entitled to dividends on the underlying shares or dividend equivalents (which might be paid in cash or applied to reduce the exercise price) between grant date and exercise date, the options granted should be valued as if no dividends will be paid on the underlying shares, ie the input for expected dividends should be zero.

B33   Similarly, when the grant date fair value of shares granted to employees is estimated, no adjustment is required for expected dividends if the employee is entitled to receive dividends paid during the vesting period.

B34   Conversely, if the employees are not entitled to dividends or dividend equivalents during the vesting period (or before exercise, in the case of an option), the grant date valuation of the rights to shares or options should take expected dividends into account. That is to say, when the fair value of an option grant is estimated, expected dividends should be included in the application of an option pricing model. When the fair value of a share grant is estimated, that valuation should be reduced by the present value of dividends expected to be paid during the vesting period.

B35   Option pricing models generally call for expected dividend yield. However, the models may be modified to use an expected dividend amount rather than a yield. An entity may use either its expected yield or its expected payments. If the entity uses the latter, it should consider its historical pattern of increases in dividends. For example, if an entity's policy has generally been to increase dividends by approximately 3 per cent per year, its estimated option value should not assume a fixed dividend amount throughout the option's life unless there is evidence that supports that assumption.

B36   Generally, the assumption about expected dividends should be based on publicly available information. An entity that does not pay dividends and has no plans to do so should assume an expected dividend yield of zero. However, an emerging entity with no history of paying dividends might expect to begin paying dividends during the expected lives of its employee share options. Those entities could use an average of their past dividend yield (zero) and the mean dividend yield of an appropriately comparable peer group.

Risk-free interest rate

B37   Typically, the risk-free interest rate is the implied yield currently available on zero-coupon government issues of the country in whose currency the exercise price is expressed, with a remaining term equal to the expected term of the option being valued (based on the option's remaining contractual life and taking into account the effects of expected early exercise). It may be necessary to use an appropriate substitute, if no such government issues exist or circumstances indicate that the implied yield on zero-coupon government issues is not representative of the risk-free interest rate (for example, in high inflation economies). Also, an appropriate substitute should be used if market participants would typically determine the risk-free interest rate by using that substitute, rather than the implied yield of zero-coupon government issues, when estimating the fair value of an option with a life equal to the expected term of the option being valued.

Capital structure effects

B38   Typically, third parties, not the entity, write traded share options. When these share options are exercised, the writer delivers shares to the option holder. Those shares are acquired from existing shareholders. Hence the exercise of traded share options has no dilutive effect.

B39   In contrast, if share options are written by the entity, new shares are issued when those share options are exercised (either actually issued or issued in substance, if shares previously repurchased and held in treasury are used). Given that the shares will be issued at the exercise price rather than the current market price at the date of exercise, this actual or potential dilution might reduce the share price, so that the option holder does not make as large a gain on exercise as on exercising an otherwise similar traded option that does not dilute the share price.

B40   Whether this has a significant effect on the value of the share options granted depends on various factors, such as the number of new shares that will be issued on exercise of the options compared with the number of shares already issued. Also, if the market already expects that the option grant will take place, the market may have already factored the potential dilution into the share price at the date of grant.

B41   However, the entity should consider whether the possible dilutive effect of the future exercise of the share options granted might have an impact on their estimated fair value at grant date. Option pricing models can be adapted to take into account this potential dilutive effect.

Modifications to equity-settled share-based payment arrangements

B42   Paragraph 27 requires that, irrespective of any modifications to the terms and conditions on which the equity instruments were granted, or a cancellation or settlement of that grant of equity instruments, the entity should recognise, as a minimum, the services received measured at the grant date fair value of the equity instruments granted, unless those equity instruments do not vest because of failure to satisfy a vesting condition (other than a market condition) that was specified at grant date. In addition, the entity should recognise the effects of modifications that increase the total fair value of the share-based payment arrangement or are otherwise beneficial to the employee.

B43   To apply the requirements of paragraph 27:

(a)   if the modification increases the fair value of the equity instruments granted (eg by reducing the exercise price), measured immediately before and after the modification, the entity shall include the incremental fair value granted in the measurement of the amount recognised for services received as consideration for the equity instruments granted. The incremental fair value granted is the difference between the fair value of the modified equity instrument and that of the original equity instrument, both estimated as at the date of the modification. If the modification occurs during the vesting period, the incremental fair value granted is included in the measurement of the amount recognised for services received over the period from the modification date until the date when the modified equity instruments vest, in addition to the amount based on the grant date fair value of the original equity instruments, which is recognised over the remainder of the original vesting period. If the modification occurs after vesting date, the incremental fair value granted is recognised immediately, or over the vesting period if the employee is required to complete an additional period of service before becoming unconditionally entitled to those modified equity instruments.

(b)   similarly, if the modification increases the number of equity instruments granted, the entity shall include the fair value of the additional equity instruments granted, measured at the date of the modification, in the measurement of the amount recognised for services received as consideration for the equity instruments granted, consistently with the requirements in (a) above. For example, if the modification occurs during the vesting period, the fair value of the additional equity instruments granted is included in the measurement of the amount recognised for services received over the period from the modification date until the date when the additional equity instruments vest, in addition to the amount based on the grant date fair value of the equity instruments originally granted, which is recognised over the remainder of the original vesting period.

(c)   if the entity modifies the vesting conditions in a manner that is beneficial to the employee, for example, by reducing the vesting period or by modifying or eliminating a performance condition (other than a market condition, changes to which are accounted for in accordance with (a) above), the entity shall take the modified vesting conditions into account when applying the requirements of paragraphs 19–21.

B44 Furthermore, if the entity modifies the terms or conditions of the equity instruments granted in a manner that reduces the total fair value of the share-based payment arrangement, or is not otherwise beneficial to the employee, the entity shall nevertheless continue to account for the services received as consideration for the equity instruments granted as if that modification had not occurred (other than a cancellation of some or all the equity instruments granted, which shall be accounted for in accordance with paragraph 28). For example:

(a) if the modification reduces the fair value of the equity instruments granted, measured immediately before and after the modification, the entity shall not take into account that decrease in fair value and shall continue to measure the amount recognised for services received as consideration for the equity instruments based on the grant date fair value of the equity instruments granted.

(b) if the modification reduces the number of equity instruments granted to an employee, that reduction shall be accounted for as a cancellation of that portion of the grant, in accordance with the requirements of paragraph 28.

(c) if the entity modifies the vesting conditions in a manner that is not beneficial to the employee, for example, by increasing the vesting period or by modifying or adding a performance condition (other than a market condition, changes to which are accounted for in accordance with (a) above), the entity shall not take the modified vesting conditions into account when applying the requirements of paragraphs 19–21.

Share-based payment transactions among group entities (2009 amendments)

B45 Paragraphs 43A–43C address the accounting for share-based payment transactions among group entities in each entity's separate or individual financial statements. Paragraphs B46–B61 discuss how to apply the requirements in paragraphs 43A–43C. As noted in paragraph 43D, share-based payment transactions among group entities may take place for a variety of reasons depending on facts and circumstances. Therefore, this discussion is not exhaustive and assumes that when the entity receiving the goods or services has no obligation to settle the transaction, the transaction is a parent's equity contribution to the subsidiary, regardless of any intragroup repayment arrangements.

B46 Although the discussion below focuses on transactions with employees, it also applies to similar share-based payment transactions with suppliers of goods or services other than employees. An arrangement between a parent and its subsidiary may require the subsidiary to pay the parent for the provision of the equity instruments to the employees. The discussion below does not address how to account for such an intragroup payment arrangement.

B47 Four issues are commonly encountered in share-based payment transactions among group entities. For convenience, the examples below discuss the issues in terms of a parent and its subsidiary.

Share-based payment arrangements involving an entity's own equity instruments

B48 The first issue is whether the following transactions involving an entity's own equity instruments should be accounted for as equity-settled or as cash-settled in accordance with the requirements of this IFRS:

(a) an entity grants to its employees rights to equity instruments of the entity (eg share options), and either chooses or is required to buy equity instruments (ie treasury shares) from another party, to satisfy its obligations to its employees; and

(b) an entity's employees are granted rights to equity instruments of the entity (eg share options), either by the entity itself or by its shareholders, and the shareholders of the entity provide the equity instruments needed.

B49 The entity shall account for share-based payment transactions in which it receives services as consideration for its own equity instruments as equity-settled. This applies regardless of whether the entity chooses or is required to buy those equity instruments from another party to satisfy its obligations to its employees under the share-based payment arrangement. It also applies regardless of whether:

(a)   the employee's rights to the entity's equity instruments were granted by the entity itself or by its shareholder(s); or

(b)   the share-based payment arrangement was settled by the entity itself or by its shareholder(s).

B50   If the shareholder has an obligation to settle the transaction with its investee's employees, it provides equity instruments of its investee rather than its own. Therefore, if its investee is in the same group as the shareholder, in accordance with paragraph 43C, the shareholder shall measure its obligation in accordance with the requirements applicable to cash-settled share-based payment transactions in the shareholder's separate financial statements and those applicable to equity-settled share-based payment transactions in the shareholder's consolidated financial statements.

Share-based payment arrangements involving equity instruments of the parent

B51   The second issue concerns share-based payment transactions between two or more entities within the same group involving an equity instrument of another group entity. For example, employees of a subsidiary are granted rights to equity instruments of its parent as consideration for the services provided to the subsidiary.

B52   Therefore, the second issue concerns the following share-based payment arrangements:

(a)   a parent grants rights to its equity instruments directly to the employees of its subsidiary: the parent (not the subsidiary) has the obligation to provide the employees of the subsidiary with the equity instruments; and

(b)   a subsidiary grants rights to equity instruments of its parent to its employees: the subsidiary has the obligation to provide its employees with the equity instruments.

A parent grants rights to its equity instruments to the employees of its subsidiary (paragraph B52(a))

B53   The subsidiary does not have an obligation to provide its parent's equity instruments to the subsidiary's employees. Therefore, in accordance with paragraph 43B, the subsidiary shall measure the services received from its employees in accordance with the requirements applicable to equity-settled share-based payment transactions, and recognise a corresponding increase in equity as a contribution from the parent.

B54   The parent has an obligation to settle the transaction with the subsidiary's employees by providing the parent's own equity instruments. Therefore, in accordance with paragraph 43C, the parent shall measure its obligation in accordance with the requirements applicable to equity-settled share-based payment transactions.

A subsidiary grants rights to equity instruments of its parent to its employees (paragraph B52(b))

B55   Because the subsidiary does not meet either of the conditions in paragraph 43B, it shall account for the transaction with its employees as cash-settled. This requirement applies irrespective of how the subsidiary obtains the equity instruments to satisfy its obligations to its employees.

Share-based payment arrangements involving cash-settled payments to employees

B56   The third issue is how an entity that receives goods or services from its suppliers (including employees) should account for share-based arrangements that are cash-settled when the entity itself does not have any obligation to make the required payments to its suppliers. For example, consider the following arrangements in which the parent (not the entity itself) has an obligation to make the required cash payments to the employees of the entity:

(a)   the employees of the entity will receive cash payments that are linked to the price of its equity instruments.

(b)   the employees of the entity will receive cash payments that are linked to the price of its parent's equity instruments.

B57   The subsidiary does not have an obligation to settle the transaction with its employees. Therefore, the subsidiary shall account for the transaction with its employees as equity-settled, and recognise a corresponding increase in equity as a contribution from its parent. The subsidiary shall remeasure the cost of the transaction subsequently for any changes resulting from non-market vesting conditions not being met in accordance with paragraphs 19–21. This differs from the measurement of the transaction as cash-settled in the consolidated financial statements of the group.

B58   Because the parent has an obligation to settle the transaction with the employees, and the consideration is cash, the parent (and the consolidated group) shall measure its obligation in accordance with the requirements applicable to cash-settled share-based payment transactions in paragraph 43C.

Transfer of employees between group entities

B59   The fourth issue relates to group share-based payment arrangements that involve employees of more than one group entity. For example, a parent might grant rights to its equity instruments to the employees of its subsidiaries, conditional upon the completion of continuing service with the group for a specified period. An employee of one subsidiary might transfer employment to another subsidiary during the specified vesting period without the employee's rights to equity instruments of the parent under the original share-based payment arrangement being affected. If the subsidiaries have no obligation to settle the share-based payment transaction with their employees, they account for it as an equity-settled transaction. Each subsidiary shall measure the services received from the employee by reference to the fair value of the equity instruments at the date the rights to those equity instruments were originally granted by the parent as defined in Appendix A, and the proportion of the vesting period the employee served with each subsidiary.

B60   If the subsidiary has an obligation to settle the transaction with its employees in its parent's equity instruments, it accounts for the transaction as cash-settled. Each subsidiary shall measure the services received on the basis of grant date fair value of the equity instruments for the proportion of the vesting period the employee served with each subsidiary. In addition, each subsidiary shall recognise any change in the fair value of the equity instruments during the employee's service period with each subsidiary.

B61   Such an employee, after transferring between group entities, may fail to satisfy a vesting condition other than a market condition as defined in Appendix A, eg the employee leaves the group before completing the service period. In this case, because the vesting condition is service to the group, each subsidiary shall adjust the amount previously recognised in respect of the services received from the employee in accordance with the principles in paragraph 19. Hence, if the rights to the equity instruments granted by the parent do not vest because of an employee's failure to meet a vesting condition other than a market condition, no amount is recognised on a cumulative basis for the services received from that employee in the financial statements of any group entity.

IFRS 2 – Share-based Payment
(Kommentar)

Übersicht

1   **I. Regelungsinhalt und Entwicklung.** Mit der Verbreitung des **Shareholder-Value-Ansatzes** hat
auch in Deutschland die Bedeutung der anteilsbasierten Vergütungsformen seit Mitte der neunziger
Jahre erheblich zugenommen.[1] Damit stellte sich auch die Frage der Bilanzierung dieser Vergütungsmodelle. Insbesondere die Erfassung solcher Vergütungsmodelle, bei denen keine Zahlungsmittel aus
dem Unternehmen abfließen, sondern Eigenkapitalinstrumente (Aktien, Optionen) des Unternehmens
gewährt werden, wurden lange kontrovers diskutiert.[2] Während der amerikanische Standardsetter mit
APB 25 bereits sehr frühzeitig Regelungen für diesen Bereich erlassen hat, die im Jahr 1995 durch SFAS
123 wesentlich ausgeweitet wurden, hat das IASB erst im Jahr 2001 ein entsprechendes Projekt auf seine
Agenda genommen. Bis dato enthielt IAS 19 lediglich einige Offenlegungsvorschriften in Bezug auf anteilsbasierte Vergütungssysteme. Mit der Veröffentlichung des IFRS 2 im Jahr 2004, enthielten die IFRS
erstmals umfassende Bilanzierungs- und Bewertungsvorschriften für diesen Bereich. Das IASB hat sich
in diesem Zusammenhang für eine aufwandswirksame Erfassung auch solcher Vergütungssysteme ausgesprochen, bei denen eigene Eigenkapitalinstrumente des Unternehmens gewährt werden. Zur Kontro-
verse vgl. Rn 8. Seither ist IFRS 2 mehrfach überarbeitet und ergänzt worden:

- im Jahr 2008: Ergänzung zu IFRS 2 *Vesting Conditions and Cancellations*, erstmalig anzuwenden für
  Berichtsperioden, die am oder nach dem 1. Januar 2009 beginnen und

- im Jahr 2009: Ergänzung zu IFRS 2 *Group cash-settled share based payments*, erstmalig anzuwenden
  für Berichtsperioden, die am oder nach dem 1. Januar 2010 beginnen. Im Zuge dieser Änderung
  wurden auch die zwischenzeitlich erlassenen IFRIC 8 und IFRIC 11 zurückgenommen.

- im Jahr 2009: Klarstellung bezüglich des Anwendungsbereichs in Abgrenzung zu IFRS 3 (2008) im
  Rahmen des zweiten *annual improvments process*, erstmalig anzuwenden für Berichtsperioden, die
  am oder nach dem 1. Juli 2009 beginnen.

2   Durch die Finanzmarktkrise sind die anteilsbasierten Vergütungsmodelle zunehmend in den Blick-
punkt der Öffentlichkeit geraten. Insbesondere wurde bei ihnen die überwiegend kurzfristige Ausrichtung und die niedrigen Ausübungsschwellen und damit verbundene Anreizwirkung zum Eingehen
unverhältnismäßiger Risiken kritisiert. Als Reaktion darauf folgten verschiedene Initiativen seitens der
Gesetz- und Richtliniengeber sowohl auf europäischer als auch auf nationaler Ebene. Gemäß der Emp-
fehlung der EU-Kommission vom 30. April 2009[3] soll die Struktur der Vergütung der Mitglieder der
Unternehmensleitung der langfristigen Unternehmensentwicklung dienen. Variable Vergütungskompo-
nenten, zu denen die anteilsbasierten Vergütungssysteme zählen, sollen an im Voraus festgelegte, mess-
bare Leistungskriterien geknüpft sein. Der Deutsche Gesetzgeber hat darauf mit der Verabschiedung
des **Gesetzes zur Angemessenheit der Vorstandsvergütung** (VorstAG) reagiert, das eine Ausrichtung
der Vergütungsstruktur an der langfristigen Unternehmensentwicklung vorsieht und die Haltefrist für
Aktienoptionen von mindestens zwei auf vier Jahre ausdehnt. Der **Deutsche Corporate Governance
Codex** i.d.F. vom 18.6.2009 stellt darüber hinaus klar, dass variable Vergütungsbestandteile sowohl den
positiven als auch den negativen Entwicklungen Rechnung tragen sollen und Aktienoptionsprogramme
sollen auf „anspruchsvolle, relevante Vergleichsparameter" bezogen sein sollen.[4] Nachträgliche Änderungen der Erfolgsziele oder der Vergleichsparameter sollen ausgeschlossen sein.

3   Trotz der vielfältigen neuen Regelungen und den teilweise damit verbundenen Einschränkungen
bei der Gestaltung anteilsbasierter Vergütungsprogramme, dürfte diese Vergütungskomponente auch in
Zukunft weiterhin eine hohe Bedeutung haben. Sie sind ein probates Mittel um sicherzustellen, dass die
Unternehmensführung bzw. bestimmte Mitarbeiter ihr Handeln an der Zielsetzung der Unternehmens-
eigner orientieren, nämlich der Steigerung des Unternehmenswerts. Sie stellen somit im Sinne einer

---

1   Vgl. *Sauber/Babel* Handbuch Stock Options, Rn 1.
2   Vgl. m.w.N. *Vater* Internationales Bilanzrecht, IFRS 2, Rn 164.
3   Vgl. ABl. L 120 vom 15.5.2009, 28.
4   Vgl. Deutscher Corporate Governance Codex, Rn 4.2.3.

shareholder-value-orientierten Unternehmensführung ein Instrument zur Lösung des **Principal-Agent-Konflikts** zwischen Anteilseignern und angestellter Unternehmensleitung dar.[5] Darunter versteht man Kontrolldefizite, die sich aus der Separation von Eigentums- und Kontrollrechten ergeben. Durch die Einbeziehung des Aktienkurses bzw. von Aktienkurssteigerungen in die Bemessungsgrundlage der variablen Vergütung soll die Motivationslage und Risikopräferenz der angestellten Unternehmensleitung (Agenten) an die der Anteilseigner (Prinzipale) zumindest teilweise angenähert werden. Die Ausgestaltung optionsbasierter Vergütungsprogramme und die mit ihnen verbundene Bewertungskomplexität können zu beträchtlichen Kosten führen. Zur Bewertungskomplexität vgl. Rn 62ff. Daher ist diese Form der anteilsbasierten Vergütung häufig auf die obersten Hierarchiestufen eines Unternehmens beschränkt. An das mittlere Management und die sonstigen Mitarbeiter werden indes häufig Mitarbeiteraktien zu einem unter dem aktuellen Börsenwert (Marktwert) liegenden Preis ausgegeben, die mit bestimmten Verfügungsbeschränkungen versehen sind. Zu den einzelnen Formen der anteilsbasierten Vergütungen vgl. Rn 41ff.

Aus Sicht des Unternehmens ist ein wesentlicher Vorteil anteilsbasierter Vergütungen, dass diese, je nach Ausgestaltung und Umsetzung, **nicht zu Zahlungsmittelabflüssen** führen müssen. Die Ansprüche aus Optionsrechten der berechtigten Mitarbeiter können, entsprechende Ausgestaltung vorausgesetzt, durch die Ausgabe junger Aktien befriedigt werden. Damit tragen letztlich die bestehenden Aktionäre durch die Verwässerung ihrer Anteile die Kosten dieser Vergütungssysteme.[6]   4

II. Normzweck und Anwendungsbereich. 1. Zielsetzung. Die Zielsetzung von IFRS 2 ist die Regelung der Bilanzierung von anteilsbasierten Vergütungssystemen (IFRS 2.1). Sprach die amtliche Übersetzung zunächst von „aktienbasierten" Vergütungssystemen, wurde aus dem Gesamtkontext deutlich, dass der Anwendungsbereich sämtliche „**anteilsbasierten" Vergütungssysteme** umfasst und nicht nur solche, die auf Aktien beruhen.[7] Inzwischen wurde auch die amtliche Übersetzung entsprechend angepasst.   5

Der Standard regelt die Erfassung von anteilsbasierten Vergütungssystemen bei der Darstellung der Vermögens-, Finanz- und Ertragslage und sieht eine **aufwandswirksame Erfassung** der Ausgabe von Aktienoptionen an Mitarbeiter vor (IFRS 2.1). In welchen Perioden der Aufwand zu erfassen ist hängt von der Klassifizierung der anteilsbasierten Vergütungstransaktion, der erhaltenen Gegenleistung und der Existenz von Ausübungsbedingungen ab. Im Einzelnen vgl. Rn 38ff.   6

Bis zur erstmaligen Verabschiedung des IFRS 2 im Jahr 2004 war die Bilanzierung von anteilsbasierten Vergütungen in den IFRS nicht geregelt. Ziel des IASB war daher eine abschließende Regelung sämtlicher anteilsbasierter Vergütungssysteme und eine **systematische Gleichbehandlung** sämtlicher Transaktionen, die im Zusammenhang mit der Ausgabe von Eigenkapitalinstrumenten stehen, unabhängig davon, ob diese mit Mitarbeitern oder mit anderen Parteien eingegangen werden. Dies führte zu dem Ergebnis, dass das Unternehmen zunächst den Zufluss an Ressourcen durch die Ausgabe von Eigenkapitalinstrumenten und ggf. zu einem späteren Zeitpunkt den Verbrauch dieser Ressourcen als Aufwand zu erfassen hat (IFRS 2.BC31). Sofern der Verbrauch direkt im Zeitpunkt der Ausgabe der Eigenkapitalinstrumente erfolgt, ist dem entsprechend ein Buchung „Aufwand an Eigenkapital" zu erfassen.   7

Diese Schlussfolgerung war bei der Entwicklung des Standards hoch **kontrovers**. Vielfach wurde in der Gewährung von Mitarbeiteroptionen **kein Aufwand des Unternehmens** gesehen, da sie nicht zu einem Ressourcenabfluss des Unternehmens führen. Das IASB hat dem auf der Grundlage der angestrebten Gleichbehandlung sämtlicher Eigenkapitaltransaktionen entgegen gehalten, dass der Aufwand durch den Verbrauch der durch die Eigenkapitaltransaktion erhaltenen Ressourcen entsteht (IFRS 2.BC41(a)). Bezieht das Unternehmen bspw. eine Maschine gegen Ausgabe von Aktien, so resultiert der Aufwand aus der   8

---

5   Vgl. *Müller/Reinke* IRZ 2008, 359ff.
6   Vgl. *Ernst & Young (Hrsg.)* International GAAP, 1811.
7   Vgl. *Roß/Simons* Rechnungslegung nach IFRS, IFRS 2 Rn 5.

Abschreibung der Maschine, die gegen eine Erhöhung des Eigenkapitals in der Bilanz des Unternehmens anzusetzen ist. Der einzige Unterschied zu der Arbeitsleistung eines Mitarbeiters besteht nach Auffassung des IASB folglich darin, dass die Ressourcen ggf. unmittelbar bei Ausgabe der Eigenkapitalanteile verbraucht werden (IFRS 2.BC44), was nicht zu einer abweichenden Bilanzierung berechtigen sollte.

Aus der gleichen Logik heraus sieht das IASB auch keine **Doppelbelastung des EPS**, wie einige Kommentatoren zum Standardentwurf angemerkt haben. Ihrer Auffassung nach wird das EPS zunächst durch die Berücksichtigung des Verwässerungseffekts (vgl. die Ausführung zu IAS 33 in diesem Band) der ausgegebenen Eigenkapitalinstrumente (Berücksichtigung im Nenner der EPS Formel) und anschließend durch die Ergebnisminderung des Aufwands (Zähler der EPS-Formal) belastet. Nach Auffassung des IASB liegt hierbei aber keine doppelte Berücksichtigung eines Sachverhalts, sondern vielmehr die einmalige Berücksichtigung der beiden Sachverhalte Ausgabe von Eigenkapitalinstrumenten und Verbrauch der dadurch erlangten Ressourcen (IFRS 2.BC57).

9   Auch dem Argument, dass nicht das Unternehmen, sondern die **Anteilseigner** des Unternehmens, **Vertragspartner** einer anteilsbasierten Vergütung sind, konnte sich das IASB nicht anschließen. Letztlich ist das Unternehmen Empfänger der Arbeitsleistung und bereits von daher Vertragspartei der Vereinbarung (IFRS 2.BC35). Dies gilt auch dann, wenn durch die Mitarbeiter bzw. Führungskräfte keine „zusätzlichen" Arbeitsleistungen als Gegenleistungen für die anteilsbasierte Vergütung vereinbart werden. Das IASB geht davon aus, dass die Geschäftsführungsmitglieder im Rahmen ihrer Gesamtverantwortung für das Unternehmen davon ausgehen müssen, dass dem Wert der anteilsbasierten Vergütung eine entsprechende Gegenleistung gegenübersteht, da sie sonst einen Veruntreuungstatbestand realisieren würden (IFRS 2.BC37).

10   Der Anwendungsbereich des IFRS 2 ist allerdings nicht auf die Ausgabe von Aktienoptionen an **Mitarbeiter** beschränkt, auch wenn diese in der Bilanzierungspraxis deutlich im Vordergrund stehen.[8] Vielmehr erstreckt sich der Anwendungsbereich auf sämtliche Transaktionen, bei denen das Unternehmen originäre (z.B. Aktien oder GmbH-Anteile) bzw. derivative (z.B. Optionen) Eigenkapitalinstrumente an andere Parteien überträgt, die Güter oder Dienstleistungen an das Unternehmen geliefert haben. Dies gilt auch, wenn die empfangenen Güter und Dienstleistungen nicht eindeutig identifiziert werden können (IFRS 2.2). Insofern fallen sämtliche anteilsbasierte Transaktionen, die **nicht eindeutig für einen anderen Zweck** als die Bezahlung der gelieferten Güter und Dienstleistungen bestimmt sind, unter den Anwendungsbereich von IFRS 2. Damit wird auch bspw. die Lieferung von Vorräten gegen Ausgabe von Aktien von IFRS 2 erfasst. Weitere typische Beispiele sind die Beratungsleistungen einer Venture Capital-Gesellschaft, die als Gegenleistung eine vorab definierte Anzahl von Aktien und/oder Optionen des beratenden Unternehmens erhält oder einer Investmentbank für ihre Beratungsleistungen im Vorfeld einer Börsenplatzierung des Unternehmens.[9]

11   **2. Anteilsbasierte Vergütungen. a) Grundlagen.** IFRS 2 ist anzuwenden auf sämtliche **anteilsbasierte Vergütungstransaktionen** (IFRS 2.2). Diese sind gemäß IFRS 2 Appendix A definiert als Transaktionen, bei denen das Unternehmen Güter oder Dienstleistungen im Zusammenhang mit einer anteilsbasierten Vergütungsvereinbarung erhält. Eine **anteilsbasierte Vergütungsvereinbarung** ist definiert als eine Vereinbarung zwischen dem Unternehmen und einer anderen Partei, einschließlich der Mitarbeiter des Unternehmens, die zum Bezug von Eigenkapitalinstrumenten (Aktien oder Aktienoptionen) oder zum Bezug von Zahlungsmitteln oder anderen Vermögenswerten berechtigt, deren Höhe vom Wert der Eigenkapitalinstrumente des Unternehmens abhängig ist.

12   Darunter fallen zunächst die klassischen **Mitarbeiteraktien**, bei denen Mitarbeiter zum vergünstigten Bezug von Aktien des Unternehmens berechtigt sind. Häufig sind diese Aktien mit bestimmten

---

8   Vgl. *Roß/Simons* Rechnungslegung nach IFRS, IFRS 2 Rn 7.
9   Vgl. *Vater* Internationales Bilanzrecht, IFRS 2 Rn 132.

Verfügungsbeschränkungen versehen, um sicherzustellen, dass die damit vom Unternehmen intendierte Gegenleistung auch erbracht wird. So ist eine Veräußerung durch den Mitarbeiter i.d.R. nur nach einer bestimmten Verweildauer im Unternehmen oder nach Erreichung bestimmter Leistungsziele möglich. Zu den Ausübungsbedingungen im Einzelnen vgl. Rn 32.

Auch die **Aktienoptionspläne**, bei denen i.d.R. ausgewählte Führungskräfte zum Bezug von Aktien zu einem bei Optionsgewährung festgelegten Preis berechtigt sind, zählen zu den anteilsbasierten Vergütungen i.S.d. IFRS 2. Die ökonomische Anreizwirkung bei der Gewährung von Aktienoptionen besteht darin, dass der Bezugsberechtigte bei steigenden Aktienkursen einen wirtschaftlichen Vorteil in Höhe der Differenz zwischen dem Kurswert der Anteile bei Ausübung und dem (niedrigerem) Bezugskurs erzielt.[10] Auch die Gewährung von Aktienoptionen hängt häufig von weiteren Bedingungen, wie z.B. eine Mindestverbleibensfrist im Unternehmen und/oder dem Erreichen anderer ökonomischer und nicht-ökonomischer Zielsetzungen ab.

Darüber hinaus zählen solche Vergütungsvereinbarungen, bei denen zwar keine Eigenkapitalinstrumente (Anteile bzw. Optionen) ausgegeben werden, sondern eine Barzahlung, deren Höhe an den Preis dieser Eigenkapitalinstrumente gekoppelt ist, zu den anteilsbasierten Vergütungen und damit zum Anwendungsbereich des IFRS 2. Diese häufig als **virtuelle Optionen** oder **Wertsteigerungsrechte** (share appreciation rights, SARs) bezeichneten Instrumente gewähren dem Inhaber einen Anspruch auf Barausgleich in der Höhe der Differenz zwischen dem Zeitwert der Anteile zum Zeitpunkt der Ausübung und dem vorher festgelegten Bezugskurs. Gleiches gilt, wenn entweder das Unternehmen oder der Bezugsberechtigte ein Wahlrecht hat, ob der Ausgleich in bar oder gegen die Ausgabe von Eigenkapitalinstrumenten erfolgen soll. Bezüglich der Klassifizierung der Vereinbarungen und der Auswirkungen auf Ansatz und Bewertung vgl. Rn 41ff.

Hinsichtlich der konkreten **rechtlichen Ausgestaltung** der anteilsbasierten Vergütungsprogramme unterliegen die Vertragsparteien auf Grund der Vertragsfreiheit grundsätzlich keinen Einschränkungen. Bei Vergütungsprogrammen für Mitarbeiter sind indes die arbeitsrechtlichen Grenzen und Risiken solcher Vereinbarungen zu beachten.[11] Bei der Gewährung von anteilsbasierten Vergütungen an Vorstands- und Aufsichtsratsmitglieder sind außerdem die sich aus dem VorstAG ergebenen Beschränkungen zu beachten.[12]

Getrennt von der eigentlichen Erfassung und Bewertung der anteilsbasierten Vergütungsprogramme ist die **Bedienung** der Verpflichtung durch Ausgabe von Eigenkapitalinstrumenten zu beurteilen. Hierfür stehen deutschen Unternehmen nach Verabschiedung des KontraG grundsätzlich drei Durchführungswege zur Verfügung:[13] (1) bedingte Kapitalerhöhung, (2) Rückkauf eigener Aktien und (3) Kauf eines Aktienoptionsplans von einem Dritten (Programmkauf). Der Vorteil der bedingten Kapitalerhöhung für das Unternehmen liegt im Wesentlichen in dem Zufluss flüssiger Mittel. Diesem Vorteil stehen allerdings die Verwässerungseffekte auf Ebene der bisherigen Anteilseigner und die Verschlechterung der auf das Eigenkapital bezogenen Renditekennziffern gegenüber. Diese Nachteile treten bei den anderen beiden Durchführungswegen nicht auf, führen allerdings zum Abfluss flüssiger Mittel auf der Unternehmensebene.[14]

b) Abgrenzungsfragen. Auf Grund der Zielsetzung des IASB sämtliche anteilsbasierten Vergütungstransaktionen in IFRS 2 zu regeln und nicht nur auf die Bilanzierung von Aktienoptionspläne für Mitarbeiter zu beschränken (IFRS 2.BC31), ist die Umschreibung des Anwendungsbereichs in IFRS 2 recht offen gehalten. Die daraus resultierenden Abgrenzungsfragen können komplex sein und haben wegen der unterschiedlichen Bilanzierungsweisen materielle Bedeutung.

---

10   Vgl. Köster IFRS Praxis, §5 Rn 544.
11   Für einen Überblick vgl. Müller-Bonanni/Nieroba Der Konzern, 2010, 143ff.
12   Im Einzelnen dazu vgl. *Dauner-Lieb* Der Konzern 2009, 583ff.
13   Vgl. *Vater* Internationale Rechnungslegung, IFRS 2 Rn 115.
14   Vgl. *Vater* Internationale Rechnungslegung, IFRS 2, Rn 116.

17   Von den übrigen **erfolgsabhängigen Vergütungen** i.S.d. IAS 19.17 unterscheiden sich die anteils-basierten Vergütungen dadurch, dass ihre Höhe in einem direkten Zusammenhang mit dem Wert der Anteile des Unternehmens steht. Ist die Höhe hingegen an Gewinn- oder andere Erfolgsgrössen des Unternehmens gekoppelt, handelt es sich um eine erfolgsabhängige Vergütung, die nach den Vorschriften des IAS 19 zu bilanzieren ist. In der Praxis kann die Abgrenzung allerdings schwierig sein, insbesondere, wenn die Leistungen wegen fehlender Marktgängigkeit der Anteile an bestimmte Kennzahlen geknüpft werden. Erhalten Mitarbeiter z.B. Geldleistungen, die an die Entwicklung des Nettovermögens (bilanziertes Eigenkapital) geknüpft sind, ist fraglich, ob die Höhe der Leistung von dem Wert der Eigenkapitalanteile des Unternehmens abhängt und eine anteilsbasierte Vergütungsvereinbarung (IFRS2 Appendix A) vorliegt. Sofern im Nettovermögen im Wesentlichen nur Gewinne und Verluste aus der Geschäftstätigkeit des Unternehmens erfasst werden, dürfte die Vereinbarung grundsätzliche eine erfolgsabhängige Vergütung sein und in den Anwendungsbereich von IAS 19 fallen.[15] Werden hingegen auch die wesentlichen Zeitwertänderungen der Vermögenswerte (und Schulden) des Unternehmens im bilanziellen Eigenkapital erfasst, kann die Vereinbarung eine anteilsbasierte Vergütung darstellen.[16] In Betracht kommen hier insbesondere Immobilienunternehmen, die ihren als Finanzinvestition gehaltenen Immobilienbestand zum Zweitwert bilanzieren (vgl. Kap. C, IAS 40).

18   Vereinbarungen, bei denen die Leistung an einen **EBIT oder EBITDA mutiple** geknüpft sind, fallen i.d.R. unter die erfolgsabhängigen Vergütungen, auch wenn diese Kennzahlen von den Vertragsparteien als Ersatz für die Zeitwertentwicklung des Unternehmens angesehen werden. Obwohl der verwendete **multiple** im Zeitpunkt des Abschlusses der Vereinbarung eine gute Annäherung an den tatsächlichen Zeitwert des Unternehmens darstellen kann, ist dies während der gesamten Laufzeit der Vereinbarung nicht sichergestellt, da Änderungen des Diskontierungs- und der Steuersätze sowie materielle Wertminderungen zu einem Auseinanderfallen von EBITDA **multiple** und Unternehmenswert führen können.[17]

19   Transaktionen mit Mitarbeitern und anderen Parteien **in ihrer Eigenschaft als Anteilseigner** stellen keine anteilsbasierten Vergütungen dar und fallen damit nicht in den Anwendungsbereich von IFRS 2 (IFRS 2.4). Die im Rahmen einer allgemeinen Kapitalerhöhung allen Anteilseignern gewährten Bezugsrechte fallen damit nicht unter IFRS 2, wenn Mitarbeitern (und anderen Parteien) dieses Recht auf Basis ihres bisherigen Anteilsbesitzes gewährt wird. Auch hier kann es im Einzelfall zu Abgrenzungsproblemen kommen, wenn bspw. Mitarbeitern im Rahmen eines IPO oder spin-offs zusätzliche Anteile gewährt werden. Hängt die Gewährung zusätzlicher Anteile von der Entwicklung der Geschäftstätigkeit oder von einer bestimmten Verweildauer im Unternehmen ab, spricht dies für das Vorhanden sein von Ausübungsbedingungen und damit für eine Qualifizierung als anteilsbasierte Vergütung.[18]

20   Eine Ausweitung des Anwendungsbereichs hat IFRS 2 durch IFRIC 8 erfahren, der im Jahr 2006 verabschiedet und zwischenzeitlich in IFRS 2 aufgenommen wurde (vgl. Rn 1). Bis dato war nicht klar, ob IFRS 2 auch anzuwenden ist, wenn anteilsbasierte Vergütungsvereinbarungen entweder **ohne erkennbare Gegenleistung** waren oder wertmässig in einem klaren **Missverhältnis** zu den erkennbaren Gegenleistungen gestanden haben.

Durch IFRIC 8 bzw. die nachfolgende Ergänzung des IFRS 2.2 sollte dies nunmehr klargestellt werden. Allerdings ist der Wortlaut hinsichtlich der Regel-Ausnahmevermutung etwas unklar. Während IFRS 2.2 Satz 1 die Vermutung nahe legt, dass bei der Ausgabe von Eigenkapitalinstrumenten i.d.R. davon auszugehen ist, dass eine gleichwertige Gegenleistung zu erwarten und mithin IFRS 2 anzuwenden ist, lässt IFRSs 2.2 Satz 2 vermuten, dass dies nur der Fall ist, wenn „andere Umstände" darauf hinweisen, dass dies der Fall ist. M.a.W. IFRS 2 wäre nur bei Vorliegen zusätzlicher Voraussetzungen Umstände an-

---

15 Vgl. *Freiberg PiR* 2010, 85f.
16 Vgl. *KPMG (Hrsg.)* Insights, 1005.
17 Vgl. *Ernst & Young (Hrsg.)*, 1029.
18 Vgl. *PwC (Hrsg.)* IFRS Manual, 12015ff.

zuwenden. Erst ein Blick in die Entstehungsgeschichte des IFRIC 8 sowie in die Basis for Conclusions (IFRS 2.BC18D) offenbart, dass der IFRS 2 grundsätzlich anzuwenden ist, wenn keine identifizierbaren Güter oder Dienstleistungen empfangen werden oder die ausgegebenen Anteile die identifizierbaren Güter und Dienstleistungen wertmässig übersteigen (Regel), es sei denn, die Gründe für die Transaktion legen den Schluss nahe, dass kein Leistungsaustausch gewollt ist bzw. vorliegt (Ausnahme). Die Basis for Conclusions führten hier das Beispiel einer Schenkung bzw. Erbschaft im familiären Umfeld an.

Die herrschende Literaturmeinung schliesst sich dieser Schlussfolgerung an,[19] wobei dies im Kontext des europäischen Bilanzrechts nicht ganz unproblematisch ist, da lediglich der Standardtext und die integralen Bestandteile des Standards den formalen Übernahmeprozess der Europäischen Kommission durchlaufen, nicht aber die Basis for Conclusions und die Anwendungshinweise.[20]

Als Beispiel für eine Transaktion ohne identifizierbare Gegenleistung führen die Anwendungshinweise des IFRS 2 die Ausgabe von Eigenkapitalinstrumenten an eine gemeinnützige Organisation zur allgemeinen Imageverbesserung an (IFRS 2.IG5D). Bedeutung hat die Feststellung, dass nicht identifizierbare Güter und Dienstleistungen vorliegen neben dem Anwendungsbereich auch für die Bewertung. Im Einzelnen dazu vgl. Rn 60.

Grundsätzlich erfüllen anteilsbasierte Vergütungstransaktionen auch die Definition von **Finanzinstrumenten** gemäß IAS 32.11. IFRS 2 steht daher in einem engen inhaltlichen Zusammenhang mit den Regelungen der IAS 32 und IAS 39. IFRS 2 enthält aber von IAS 39 abweichende Bewertungsvorschriften, wie z.B. die Verteilungsregeln des IFRS 2.15 bzw. IFRS 2.32. Im Einzelnen dazu vgl. Rn 95ff. Darüber hinaus enthält IFRS 2 von IAS 32 abweichende Klassifizierungsregeln für Eigenkapitalinstrumente und Schulden. Während IFRS 2 alle Vereinbarungen, die in der Ausgabe von Eigenkapitaltiteln resultieren als Eigenkapitalinstrument einstuft (IFRS 2 Appendix A), ist dies nach IAS 32 nur der Fall, wenn der Vertrag auf die Ausgabe einer festen Anzahl von Eigenkapitalinstrumenten gerichtet ist (IAS 32.11). Würde IFRS 2 derselben Klassifizierungslogik wie IAS 32 folgen, hätte dies zur Folge, dass Aktienoptionspläne, bei der die Anzahl der Optionen beispielsweise noch von bestimmten Leistungszielen abhängt als Schuld einzustufen wären und anders als feste Optionspläne zu bilanzieren wären. Dieses Ergebnis war bei Entwicklung des IFRS 2 ausdrücklich nicht gewünscht (IFRS 2.BC109). 21

Insofern ist es notwendig, die anteilsbasierten Vergütungssysteme aus dem Anwendungsbereich der IAS 32 und IAS 39 auszuschliessen (IAS 32.4(f), IAS 39.2(i)). Andererseits ist IFRS 2 nicht anzuwenden, wenn das Unternehmen Eigenkapitalinstrumente ausgibt bzw. eine Verpflichtung zur Geldleistung eingeht, die vom Wert der Eigenkapitalinstrumente des Unternehmens abhängig ist und dafür im Gegenzug **finanzielle Vermögenswerte** erhält (IFRS 2.5). Diese Vereinbarungen sind weiterhin nach IAS 32 zu klassifizieren und nach IAS 39 zu bewerten. 22

Ist die anteilsbasierte Vergütung zwar auf den Bezug von nicht finanziellen Vermögenswerten gerichtet, aber erfüllt der Vertrag die Voraussetzungen der IAS 32.8-10 bzw. IAS 39.5-7, so sind diese nicht nach IFRS 2, sondern weiterhin als Finanzinstrumente nach IAS 32 und IAS 39 zu bilanzieren. Dies betrifft den Bezug von nicht finanziellen Vermögenswerten primär mit dem Ziel der Ausnutzung von Preisschwankungen anstelle der Verwendung im eigenen Unternehmen. Das IASB war wohl wegen Nähe zu einer Handelsaktivität bei dieser Art von Verträgen der Ansicht, dass der Ansatz zum beizulegenden Zeitwert die vorzugswürdige Bilanzierungsmethode ist (IFRS 2.BC28). 23

c) **Unternehmenszusammenschlüsse.** Grundsätzlich ist IFRS 2 auch auf solche anteilsbasierten Vergütungsvereinbarungen anzuwenden, bei denen das Unternehmen eine Gruppe von nicht finanziellen Vermögenswerten (und ggf. Schulden) erhält. Lediglich dann, wenn diese Gruppe einen **Geschäfts-** 24

---

19 Vgl. stellvertretend *Ernst & Young (Hrsg.)* International GAAP, 1825; *Roß/Simons* Rechnungslegung nach IFRS, IFRS 2 Rn 8; DRSC KoR 2006, 330.
20 Grundlegend zu dieser Problematik vgl. *Köster* Internationale Rechnungslegung, IAS 8 Rn 115ff.

betrieb bilden, hat die Bilanzierung nach den Vorschriften des IFRS 3 *Business Combinations* zu erfolgen (IFRS 2.5). Damit hängt die Klassifizierung und folglich auch die Bilanzierung dieser Vereinbarungen von der u.U. nicht ganz unproblematischen Einschätzung ab, ob die im Gegenzug übertragenen Vermögenswerte (und Schulden) einen Geschäftsbetrieb bilden oder nicht.[21] Die wesentlichen Unterschiede einer Bilanzierung nach IFRS 3 liegen darin, dass ein evtl. Unterschiedsbetrag zwischen dem Zeitwert der ausgegebenen Eigenkapitalinstrumente und dem Zeitwert des erhaltenen Nettovermögens als Geschäfts- oder Firmenwert auszuweisen ist, während nach IFRS 2 nicht identifizierbare Güter oder Dienstleistungen angenommen werden, die ggf. sofort aufwandswirksam zu erfassen sind. Darüber hinaus sieht IFRS 3 keine den IFRS 2.15 und IFRS 2.32 entsprechende Verteilungsregel vor.

25   Der Anwendungsausschluss im Rahmen von Unternehmenszusammenschlüssen gilt allerdings nur soweit die anteilsbasierte Vergütung als Gegenleistung für die Kontrollerlangung über den erworbenen Geschäftsbetrieb gewährt wurde. Eigenkapitalinstrumente, die den Mitarbeitern des erworbenen Geschäftsbetriebs **in ihrer Eigenschaft als Mitarbeiter** gewährt werden, um diese z.B. zum Verbleib im Unternehmen zu bewegen, fallen indes in den Anwendungsbereich des IFRS 2. Gleiches gilt für Aufhebungen, Ersetzung oder andere Abänderungen der anteilsbasierten Vergütungsvereinbarungen anlässlich eines Unternehmenszusammenschlusses. Weitere Hinweise zu Abgrenzung der Ausgabe von Eigenkapitalinstrumenten als Gegenleistung für die Kontrollerlangung und einer künftigen Arbeitsleistungen enthalten die IFRS 3.51-52 und IFRS 3.B56-B62). Zu den Einzelheiten vgl. die Ausführungen zu IFRS 3 in diesem Band.

26   Über den Anwendungsbereich von IFRS 3 hinaus sind auch Unternehmenszusammenschlüsse unter gemeinsamer Beherrschung (so genannte *common control* Transaktionen)[22] und bei der Errichtung eines Joint Venture nicht nach IFRS 2 zu bilanzieren (IFRS 2.5). Stellen die eingebrachten Vermögenswerte indes keinen Geschäftsbetrieb dar, sind auch diese Transaktionen nach IFRS 2 zu bilanzieren.

27   **d) Konzernpläne.** In einem Konzernverbund existieren häufig konzerneinheitliche anteilsbasierte Vergütungspläne. Dies führt dazu, dass in vielen Fällen **Leistungsempfänger und Vergütungsschuldner auseinanderfallen**, wenn bspw. das Mutterunternehmen mit Mitarbeitern eines Tochterunternehmens direkt eine anteilsbasierte Vergütungsvereinbarung abschließt. Anteilsbasierte Vergütungen mit Barausgleich werden häufig an den Kurs der Anteile des (börsennotierten) Mutterunternehmens gekoppelt. In diesem Zusammenhang stellt sich die Frage, wie diese Fälle in den separaten Einzelabschlüssen des Mutter- und Tochterunternehmens darzustellen sind. Darüber hinaus ist es denkbar, dass nicht zum Konzernverbund gehörende Anteilseigner des Mutterunternehmens mit den Mitarbeitern des Konzernverbundes anteilsbasierte Vergütungsvereinbarungen abschließen. In der ursprünglichen Fassung wurden all diese Fälle nicht vom Anwendungsbereich erfasst, da die Definition darauf abzielte, dass Eigenkapitalinstrumente des leistungsempfangenen Unternehmens ausgegeben werden bzw. die Höhe der Vergütung an dessen Eigenkapital geknüpft ist.

28   Dies hat kurz nach Inkraftsetzung des IFRS 2 das IFRIC auf den Plan gerufen, das nach langwieriger Beratung im November 2007 den IFRIC 11 verabschiedet hat. Die Regelungen des IFRIC 11 sind anschliessend im Juni 2009 in den IFRS 2 übernommen worden. Dem entsprechend umfasst der Anwendungsbereich des IFRS 2 nach der Änderung auch solche anteilsbasierten Vergütungssysteme, bei denen der Ausgleich von einem anderen Unternehmen der Gruppe oder einem Anteilseigner eines Unternehmens der Gruppe vorgenommen wird (IFRS 2.3A(a)) bzw. das Unternehmen zum Ausgleich verpflichtet ist, aber ein anderes Unternehmen der Gruppe die Leistungen erhält (IFRS 2.3A(b)). Die Definitionen im Appendix A wurden entsprechend angepasst und umfassen auch solche Fälle, bei denen der Barausgleich vom Wert der Eigenkapitalinstrumente eines anderen Unternehmens der Gruppe abhängt.

---

21   Zur grundsätzlichen Problematik ausführlich vgl. *Köster/Mißler*, Internationale Rechnungslegung, IFRS 3 Rn 131ff.
22   Zur Definition und Bilanzierung vgl. *Köster/Mißler* Internationale Rechnungslegung, IFRS 3 Rn 114ff.

Damit ist klargestellt, dass auch in diesen Fällen in einem separaten Einzelabschluss des Mutter- und Tochterunternehmens eine Bilanzierung gemäß IFRS 2 zu erfolgen hat. Gleiches gilt für einen Konzernabschluss, bei dem Vergütungsschuldner ein nicht zum Konzernverbund gehörender Anteilseigner ist. Bezüglich der Klassifizierung dieser Vereinbarungen vgl. Rn 52ff.

Transaktionen, bei denen ein Investor Mitarbeitern (oder anderen Parteien) eines **assoziierten Unternehmens** oder eines **Joint Ventures** eine anteilsbasierte Vergütung in Eigenkapitalinstrumenten des Investors gewährt, werden streng genommen nicht vom erweiterten Anwendungsbereich des IFRS 2 erfasst. Die Definition einer anteilsbasierten Vergütungsvereinbarung von IFRS 2 Appendix A verlangt, dass die gewährten Eigenkapitalinstrumente entweder solche des leistungsempfangenen Unternehmens oder eines anderen Gruppenunternehmens sein müssen. Als Gruppe ist hier in Übereinstimmung mit IAS 27 das Mutterunternehmen mit seinen Tochterunternehmen zu verstehen, was das IASB eindeutig klargestellt hat (IFRS 2.BC22E). Letztlich kommt in diesen Fällen aber die gleiche Einlagefiktion zum Tragen, wie dies für einen Anteilseigner gilt, der zum Konzernverbund gehört.[23] Aus diesem Grund wird teilweise für eine Einbeziehung von anteilsbasierten Vergütungen mit assoziierten Unternehmen und Joint Ventures plädiert.[24] Dies ist vor dem Hintergrund des eindeutigen Wortlauts der Definition von anteilsbasierten Vergütungsvereinbarungen im Anhang A und der klaren Intention des IASB, den erweiterten Anwendungsbereich auf Konzerne i.S.d. IAS 27 zu beschränken (IFRS 2.BC22G) nicht unproblematisch.

III. Begriffe. Eine **anteilsbasierte Vergütungsvereinbarung** ist eine Vereinbarung zwischen dem Unternehmen, einem Unternehmen der Gruppe oder einem Anteilseigner eines Unternehmens der Gruppe, die eine andere Partei einschließlich eines Mitarbeiters dazu berechtigt, Zahlungsmittel oder andere Vermögenswerte des Unternehmens zu erhalten, deren Höhe vom Kurs (oder Wert) der Eigenkapitalinstrumente des Unternehmens oder eines anderen Unternehmens der Gruppe abhängt, oder Eigenkapitalinstrumente des Unternehmens oder eines anderen Unternehms der Gruppe zu erhalten (IFRS 2.Appendix A). Nach dem Wortlaut der Definition stellen daher Vereinbarungen, bei denen ein anderes als das leistungsempfangene Unternehmen einen Barausgleich gewährt und Vereinbarungen über die Gewährung von Eigenkapitalinstrumenten eines Anteilseigners, der nicht zur Gruppe gehört, wie z.B. ein Investor bei einem assoziierten Unternehmen, keine anteilsbasierten Vergütungsvereinbarungen im Sinne des IFRS 2 dar. Während der erste Fall wegen der detaillierten Regelungen in IFRS 2.B56ff. durchaus als Formulierungsfehler angesehen werden kann[25] ist dies für den zweiten Fall wegen des eindeutigen Bezugs auf die Gruppe gemäß IAS 27.4 nicht so klar (vgl. Rn 29).

Eine **anteilsbasierte Vergütung** ist dem entsprechend definiert als eine Transaktion, bei der das Unternehmen im Rahmen einer anteilsbasierten Vergütungsvereinbarung von einem Lieferanten bzw. einem Mitarbeiter Güter oder Leistungen erhält, oder die Verpflichtung eingeht, im Rahmen einer anteilsbasierten Vergütungsvereinbarung beim Lieferanten den Ausgleich für die Transaktion vorzunehmen, ein anderes Unternehmen aber die betreffenden Güter oder Dienstleistungen erhält. Damit richtet sich die Bilanzierung der Vereinbarung sowohl bei dem leistungsempfangenden Unternehmen als auch bei dem Unternehmen, das die anteilsbasierte Vergütung gewährt nach IFRS 2. Unterschieden werden anteilsbasierte Vergütungen mit Barausgleich und solche mit Ausgleich durch Eigenkapitalinstrumente. Zur Klassifizierung im Einzelnen vgl. Rn 41ff.

Anteilsbasierte Vergütungen werden häufig mit **Ausübungsbedingungen** versehen. Dies sind die Bedingungen, die die Gegenpartei erfüllen muss, um im Rahmen einer anteilsbasierten Vergütungsvereinbarung einen Rechtsanspruch auf den Erhalt der mit der Vergütungsvereinbarung zugesagten Leistungen zu erwerben. Unterschieden werden Dienstbedingungen und Leistungsbedingungen.

29

30

31

32

---

23 Vgl. *Freiberg* PiR 2010, 25f.
24 Vgl. *Ernst & Young (Hrsg.)* International GAAP, 1982ff.
25 *Ernst & Young (Hrsg.)* International GAAP, 1825.

Dienstbedingungen verlangen von der Gegenpartei die Ableistung einer bestimmten Dienstzeit. **Leistungsbedingungen** verlangen von der Gegenpartei die Ableistung einer bestimmten Dienstzeit und die Erfüllung bestimmter Erfolgsziele, wie z.b. persönlicher Erfolgsziele oder die Steigerung des Unternehmensgewinns innerhalb eines bestimmten Zeitraums. Eine Leistungsbedingung kann auch eine Marktbedingung sein (vgl. Rn 33). Dienstzeitbedingungen und Leistungsbedingungen sind maßgeblich für die Bestimmung des Zeitraums innerhalb dessen die Leistungen dem Unternehmen zufließen (vgl. Rn 95ff.).

33   Eine **Marktbedingung** ist eine Bedingung in Bezug auf den Ausübungspreis, den Rechtsanspruch auf Erhalt der vereinbarten anteilsbasierten Vergütung oder die Ausübungsmöglichkeit der gewährten Eigenkapitalinstrumente, die mit dem Marktpreis der Eigenkapitalinstrumente im Zusammenhang stehen. Eine Bedingung, dass eine Aktienoption (oder virtuelle Option) nur ausgeübt werden kann, wenn der Aktienkurs innerhalb eines bestimmten Zeitraums um x-% gestiegen ist oder um x-% die Performance eines Vergleichsindex übersteigt, stellt eine Marktbedingung dar. Die Unterscheidung von Markt- und Nicht-Marktbedingungen ist wichtig wegen ihrer unterschiedlichen Berücksichtigung im Rahmen der Bilanzierung (vgl. Rn 84).

34   Alle anderen Bedingungen stellen **Nicht-Ausübungsbedingungen** dar. Bedingungen, die den Erwerb vergünstigter Aktien von der Höhe einer bestimmten Einzahlung abhängig machen, oder an die Voraussetzung geknüpft sind, dass der Mitarbeiter nach dem Ausscheiden aus dem Unternehmen keine Tätigkeit bei einem Wettbewerber aufnimmt, sind Nicht-Ausübungsbedingungen. Bezüglich ihrer Berücksichtigung bei der Bilanzierung vgl. Rn 84.

35   Der **Tag der Gewährung** ist der Tag, an dem das Unternehmen und die andere Partei eine anteilsbasierte Vergütungsvereinbarung treffen. Damit ist nicht der rechtsgültige Abschluss eines Vertrags gemeint, der sämtliche Details regelt, sondern der Zeitpunkt, zu dem sich die Parteien auf die wesentlichen Inhalte der Vereinbarung geeinigt haben. Hängt die Vereinbarung noch von einer Genehmigung, bspw. des Aufsichtsrats ab, ist der Tag an dem die Genehmigung erteilt wurde, der Tag der Gewährung.

36   Der **Bewertungsstichtag** ist der Tag, an dem der beizulegende Zeitwert der gewährten Eigenkapitalinstrumente bestimmt wird. Bei Transaktionen mit Mitarbeitern und anderen, die ähnliche Leistungen erbringen, ist dies der Tag der Gewährung. Bei Transaktionen mit anderen Parteien ist dies der Tag, an dem das Unternehmen die Güter erhält bzw. die Gegenpartei die Leistung erbringt.

37   Wegen des unterschiedlichen Bewertungsstichtages (vgl. Rn 33) sind Mitarbeiter und ähnliche Personen von den anderen Parteien zu unterscheiden. **Mitarbeiter und andere, die ähnliche Leistungen erbringen,** i.S.d. IFRS 2 sind Personen, die persönliche Leistungen für das Unternehmen erbringen und die entweder (a) rechtlich oder steuerlich als Mitarbeiter gelten, (b) für das Unternehmen auf dessen Anweisung wie Mitarbeiter tätig sind, oder (c) ähnliche Leistungen wie Mitarbeiter erbringen. Damit wird klar, dass der „Mitarbeiterbegriff" in IFRS 2 eher funktional und nicht nur rein formal auszulegen ist und somit einen weiteren Kreis von Personen umfassen kann.

38   **IV. Grundprinzipien der Bilanzierung. 1. Vorüberlegungen.** Ausgangspunkt für die Entwicklung des Standards waren zunächst die anteilsbasierten Vergütungssysteme, bei denen die Gegenpartei originäre oder derivative Eigenkapitalinstrumente des Unternehmens als Vergütung erhält (IFRS 2.BC29). Anteilsbasierte Vergütungssysteme, bei denen ein Ausgleich durch eine Barzahlung erfolgt unterscheiden sich zwar in vielerlei Hinsicht von den eigenkapitalgedeckten Vergütungssystemen. Während die eigenkapitalgedeckten Vergütungssysteme zu einer Eigenkapitalzuführung in Form der erhaltenen Gegenleistung führen, stellen die barzahlungsgedeckten Vergütungssysteme eine Schuld des Unternehmens dar. Daraus ergeben sich **unterschiedliche Konsequenzen für die Folgebilanzierung** der beiden Vergütungssysteme: Während die Höhe der Vergütung bei eigenkapitalgedeckten Vergütungssystemen nur einmal festgestellt wird, ist sie bei bargedeckten Vergütungssystemen laufend an den tatsächlich

(erwarteten) Zahlungsmittelabfluss anzupassen. Zu den Einzelheiten der Bewertung bei eigenkapital-gedeckte Vergütungen vgl. Rn 101ff. und für barzahlungsgedeckte Vergütungen Rn 127ff. Insofern ist die Klassifizierung der Vergütungssysteme wegen der unterschiedlichen Auswirkungen auf Perioden-ergebnis, Eigenkapitalquote und Rentabilitätskennzahlen von materieller Bedeutung und sollte bei der Gestaltung des Vergütungssystems Berücksichtigung finden.[26]

Auf der anderen Seite sind die grundlegen **Prinzipien** der Bilanzierung für beide Vergütungssysteme **39** **identisch**: Die im Rahmen einer anteilsbasierten Vergütung erlangten Güter oder Leistungen sind zu dem Zeitpunkt anzusetzen, zu dem die Güter erworben oder die Dienstleistungen erhalten wurden (IFRS 2.7) und nach den für sie geltenden Bestimmungen zu bewerten (IFRS 2.9). Die entsprechende Gegen-buchung hat bei anteilsbasierten Vergütungen mit Ausgleich durch Eigenkapitalinstrumente im Eigen-kapital zu erfolgen und bei anteilsbasierten Vergütungen mit Barausgleich ist eine Schuld anzusetzen.

Handelt es sich um eine Leistung, ist ein Aufwand zu erfassen, soweit keine weiteren Bedingungen **40** für den Anspruch der Gegenpartei existieren. Ist die Gewährung der anteilsbasierten Vergütungssyste-me an **Ausübungsbedingungen** geknüpft, ist der Aufwand über den Erdienungszeitraum zu verteilen. Nicht-Ausübungsbedingungen sind bei der Bewertung zu berücksichtigen. Die Ermittlung der Höhe der anteilsbasierten Vergütungssysteme hat mittels von Optionspreismodellen zu erfolgen. Zu Einzelheiten der Bewertung vgl. Rn 57ff.

2. Klassifizierung. a) Grundlagen. Ausgangspunkt der Bilanzierung ist die Einordnung der Ver- **41** gütungssysteme in eine der drei von IFRS 2 vorgesehenen Kategorien (IFRS 2.2):

- anteilsbasierte Vergütungstransaktion mit Ausgleich durch Eigenkapitalinstrumente,
- anteilsbasierte Vergütungstransaktion mit Barausgleich oder
- anteilsbasierte Vergütungstransaktion, bei denen das Unternehmen oder der Lieferant die Wahl hat, ob der Ausgleich durch Ausgabe von Eigenkapitalinstrumenten oder in bar erfolgen soll.

Anteilsbasierte Vergütungen mit Ausgleich durch **Eigenkapitalinstrumente** sind definiert als an- **42** teilsbasierte Vergütungen, bei denen das Unternehmen (a) Güter oder Leistungen erhält und im Gegen-zug eigene Eigenkapitalinstrumente hingibt oder (b) Güter oder Leistungen erhält, aber nicht dazu ver-pflichtet ist, beim Lieferanten den Ausgleich vorzunehmen (IFRS 2 Appendix A).

Eigenkapitalinstrumente werden in IFRS 2 nur allgemein definiert als ein Vertrag, der einen Resi- **43** dualanspruch an den Vermögenswerten nach Abzug aller Schulden begründet. Weiterführende Be-stimmungen für die Klassifizierung als Eigenkapitalinstrument enthält IAS 32. Allerdings ist nicht ganz klar, ob ein Instrument **sämtliche Kriterien des IAS 32** erfüllen muss, um als eigenkapitalgedeckte Ver-gütungstransaktion eingestuft zu werden. Fraglich ist dies z.B. bei so genannten mezzaninen Instru-menten, die einen eigenkapitalähnlichen Charakter haben, aber nach IAS 32 als Schuldinstrumente zu qualifizieren sind. Noch drängender wird diese Fragestellung bei Instrumenten die (gesellschafts)recht-lich als Eigenkapitalinstrumente anzusehen sind, aber nicht die strengen Kriterien des IAS 32 erfüllen. Die Bestimmung, dass auch variable Optionspläne in den Anwendungsbereich des IFRS 2 fallen (vgl Rn 20) lässt auf eine weitergehende Auslegung von Eigenkapitalinstrumenten nach IFRS 2 schließen. Die Tatsache, dass diese Problemstellung bislang weder vom IASB bzw. IFRIC noch von der weiterführenden Literatur aufgegriffen wurde, lässt den Schluss zu, dass hinsichtlich der Eigenkapitalabgrenzung anteils-basierter Vergütungen in der Praxis kein allzu großes Problem besteht. Es sind wohl im Wesentlichen (börsennotierte) Aktiengesellschaften, die eigenkapitalgedeckte Vergütungen gewähren.

Klar ist jedenfalls, dass die Gewährung von Instrumenten, die eindeutig als Schuldinstrumente ein- **44** zustufen sind, keine anteilsbasierten Vergütungspläne darstellen.

---

26 Zu den unterschiedlichen Auswirkungen der beiden Vergütungssysteme auf Bilanzstruktur und Rentabilitätskennzahlen vgl. *Richter/Rogler* IRZ 2010, 333ff.

Beispiel:

Ein Unternehmen gewährt seinen Mitarbeitern als Teil ihrer Vergütungen Anteile an Genussrechten. Da Genussrechte i.d.R. eindeutig als Finanzschuld zu qualifizieren sind, ist dies kein Anwendungsfall von IFRS 2. Hängt die Anzahl der Ausgabe der Genussrechte bzw. kündbaren Aktien indes von dem Kurs bzw. Wert echter Eigenkapitalinstrumente ab, handelt es sich um eine anteilsbasierte Vergütung mit Barausgleich.[27]

45   Grundsätzlich zählen auch **Aktien mit einem Rückgaberecht** des Inhabers nicht zu den Eigenkapitalinstrumenten nach IAS 32. Die Ausgabe solcher Aktien an Mitarbeiter oder andere Parteien wäre demnach ebenfalls kein Anwendungsfall von IFRS 2. Werden hingegen normale Stammaktien bspw. an Mitarbeiter (vergünstigt) abgegeben und besteht die Verpflichtung diese Aktien an das Unternehmen gegen einen Zahlung eines Geldbetrags zurückzugeben, wenn der entsprechende Mitarbeiter das Unternehmen innerhalb einer festgelegten Frist verlässt, soll dies eine anteilsbasierte Vergütung mit Ausgleich durch Eigenkapitalinstrumente darstellen.[28] Die Zeitspanne, über die die Aktien mit einer Rückgabeverpflichtung belegt sind wären dann als Dienstbedingung einzustufen. Zu den Dienstbedingungen im Einzelnen vgl. Rn 32.

46   Anteilsbasierte Vergütungen mit **Barausgleich** sind definiert als anteilsbasierte Vergütungen, bei denen das Unternehmen Güter oder Leistungen erhält und im Gegenzug die Verpflichtung eingeht, dem Lieferanten dieser Güter oder Leistungen Zahlungsmittel oder andere Vermögenswerte zu übertragen, deren Höhe vom Kurs (oder Wert) der Eigenkapitalinstrumente des Unternehmens oder eines anderen Unternehmens der Gruppe abhängt. Bereits durch die Definition wird ersichtlich, dass der Begriff „Barausgleich" eigentlich zu eng ist, da auch die Verpflichtungen zur Abgabe anderer finanzieller oder nicht finanzieller Vermögenswerte darunter fallen. So stellt auch die im obigen Beispiel angesprochene Ausgabe eigener Schuldinstrumente in Abhängigkeit des Kurses (oder Wertes) von Eigenkapitalinstrumenten des Unternehmens, eine anteilsbasierte Vergütung mit Barausgleich dar.

47   Durch die Verpflichtung zur Abgabe von flüssigen Mitteln bzw. anderen Vermögenswerten stellt die anteilsbasierte Vergütung mit Barausgleich eine **Schuld** des Unternehmens dar und ist auch prinzipiell als eine solche zu bilanzieren, allerdings unter Beachtung der besonderen Bewertungsregeln des IFRS 2. Zu den Einzelheiten der Bewertung vgl. Rn 57ff.

48   Der klassische Anwendungsfall der anteilsbasierten Vergütungen mit Barausgleich sind die virtuellen Eigenkapitalinstrumente, die echte Eigenkapitalinstrumente rechentechnisch nachbilden. Bei den so genannten **virtuellen Optionen** oder **Aktienwertsteigerungsrechten** (*share appreciation rights, SARs*), erhält der Inhaber das Recht auf eine Barzahlung in Höhe der Differenz des Zeitwertes des zugrunde liegenden Eigenkapitalinstruments im Zeitpunkt der Ausübung und dem vorher festgelegten Bezugskurs. Die Wertsteigerungsrechte enthalten i.d.R. keinen Ausgleich für Dividendenzahlungen. Erhält der Inhaber neben der Barzahlung für die fiktiven Kurssteigerungen auch die während der vertraglichen Laufzeit des virtuellen Programms angefallenen Dividenden, spricht man von **virtuellen Aktien** bzw. *phantom stocks.*[29]

49   Insofern hängt die Klassifizierung der Vergütungsvereinbarung stark an der formalen Ausgestaltung, wie an dem Beispiel der eigenen Aktien, die vom Unternehmen bei Ausübung am Markt zurückgekauft werden, deutlich wird. Obwohl das Unternehmen einen identischen Abfluss von flüssigen Mitteln, wie bei einem virtuellen Programm, zu verzeichnen hat, liegt wegen der fehlenden Verpflichtung zum Barausgleich keine bargedeckte, sondern eine eigenkapitalgedeckte Vergütungstransaktion vor. Dieser teil-

---

27 *Ernst & Young (Hrsg.)* International GAAP, 1828.
28 Vgl. *PwC (Hrsg.)* IFRS Manual, 12016; *Ernst & Young (Hrsg.)* International GAAP, 1826.
29 Vgl. *Roß/Simons* Rechnungslegung nach IFRS, IFRS 2 Rn 190.

weise als Umkehrung des *substance over form* Prinzips bezeichnete Umstand[30] hat für das Unternehmen wegen der unterschiedlichen Auswirkungen der anteilsbasierten Vergütungssysteme auf Bilanzbild und Ergebnisentwicklung erhebliche Bedeutung, der bereits bei der Ausgestaltung der Programme zu berücksichtigen ist.

Als Mischform zwischen den beiden vorgenannten Vergütungssystemen stehen die **Kombinations-** **modelle**, bei denen das Unternehmen und/oder der Lieferant die Wahl hat, ob der Ausgleich in bar bzw. anderen Vermögenswerten oder durch die Ausgabe von Eigenkapitalinstrumenten erfolgen soll (IFRS 2.2c)). Dies gilt unabhängig davon, ob die Höhe der Barzahlungskomponente an den Wert der Eigenkapitalinstrumente geknüpft ist oder nicht. Dies gilt sogar dann, wenn selbst die Anzahl der ggf. zu liefernden Aktien von einem festen Geldbetrag abhängen.[31] **50**

Beispiel:

Das Unternehmen gewährt ausgewählten Führungskräften in Abhängigkeit von der persönlichen Zielerreichung (X%) einen Bonus in Höhe von T€ 500 x X%. Der Empfänger hat die Wahl zwischen Auszahlung des Bonus in bar oder gegen Gewährung von Aktien, wobei der Zeitwert der zu gewährenden Aktien dem Bonusbetrag im Auszahlungszeitpunkt entspricht.

Obwohl der Geldbetrag feststeht und nicht an die Wertentwicklung eines Eigenkapitalinstruments gekoppelt ist und die eigenen Aktien lediglich als eine Art Währung eingesetzt werden, handelt es sich nach Auffassung des IFRIC um eine anteilsbasierte Vergütung mit wahlweisem Ausgleich durch Eigenkapitalinstrumente oder Barausgleich i.S.d. IFRS 2.2(c).

Sofern die Gegenpartei das Wahlrecht zur Ausübung hat, handelt es sich aus Sicht des Unternehmens um ein **zusammengesetztes Finanzinstrument** mit einer Schuld- und einer Eigenkapitalkomponente und ist entsprechend zu bilanzieren. Hat das Unternehmen hingegen das Erfüllungswahlrecht ist zunächst zu prüfen, ob seitens des Unternehmens eine faktische Verpflichtung zum Barausgleich besteht, bspw. weil das Unternehmen in der Ausgabe von Aktien rechtlich beschränkt ist (IFRS 2.41). Ist dies der Fall, erfolgt die Bilanzierung nach den Regeln für anteilsbasierte Vergütungen mit Barausgleich, andernfalls nach den für eigenkapitalgedeckte Vergütungen. Zu den Einzelheiten der Bilanzierung von anteilsbasierten Vergütungen mit Erfüllungswahlrecht vgl. Rn 135ff. **51**

b) Konzernpläne. Ein besonderes Klassifizierungsproblem besteht bei Konzernplänen, da die Klassifizierung aus Sicht der Gruppe, des Mutterunternehmens oder des Tochterunternehmens jeweils unterschiedlich ausfallen können. Nach der Erweiterung der Definitionen im Zuge der Änderung des IFRS 2 im Jahr 2009 ist klargestellt, dass nur solche anteilsbasierten Vergütungen als eigenkapitalgedeckt zu klassifizieren sind, bei denen das Unternehmen selbst Empfänger der Leistung ist und entweder eigene Eigenkapitalinstrumente hingibt oder keine Verpflichtung zur Gegenleistung gegenüber dem Lieferanten hat. Im letzten Fall muss die Verpflichtung entweder von einem Anteilseigner des Unternehmens oder einem anderen Unternehmen des Konzerns i.S.v. IAS 27 übernommen werden. Dies geht eindeutig aus der Definition von anteilsbasierten Vergütungsvereinbarungen in IFRS 2 Appendix A hervor. **52**

Damit wird automatisch eine gesellschaftsrechtliche Veranlassung unterstellt, wenn die Vergütungsverpflichtung nicht vom leistungsempfangenden Unternehmen selbst, sondern von einem Anteilseigner bzw. einem anderen Konzernunternehmen übernommen wird. Hier unterstellt IFRS 2 eine unmittelbare Einlage des Anteilseigners bzw. mittelbare Einlage durch Schwesterunternehmen in das Eigenkapital und die Verwendung der erlangten Mittel durch das Unternehmen zum Bezug der entsprechenden Leistungen. Dies muss aber nicht immer den tatsächlichen Gegebenheiten entsprechen. Dies gilt insbesondere bei Vereinbarungen mit nicht beherrschenden Gesellschaftern, die möglicherweise eigene **53**

---

30   So etwa *Roß/Simons* Rechnungslegung nach IFRS, IFRS 2 Rn 188a.
31   Vgl. IFRIC Update, März 2006, 8.

Partikularinteressen verfolgen.[32] Dennoch erfordert IFRS 2 auch in diesen Fällen eine Bilanzierung als (eigenkapitalgedeckte) anteilsbasierte Vergütung und dem entsprechend einen (erzwungenen) Aufwand auf Ebene des leistungsempfangenden Unternehmens.

> **Beispiel:**
>
> *Ein Minderheitsgesellschafter gewährt einem Vorstand der X-AG einen Anteil an der Kurssteigerung für die Dauer seiner Vorstandstätigkeit.*
>
> *Obwohl der Aufsichtsrat rechtlich für die Vergütung von Vorstandsmitgliedern zuständig ist (§§ 87, 112 AktG), unterstellt IFRS 2 eine fiktive verdeckte Einlage in das Eigenkapital der Gesellschaft. Der von IFRS 2.3A geforderte Nachweis, dass die aktienbasierte Leistung eindeutig einem anderen Zweck als der Vergütung vom Unternehmen empfangener Leistungen dient, dürfte in der Praxis schwer zu erbringen sein.[33]*

54   Anteilsbasierte Vergütungstransaktionen, bei denen das leistungsempfangende Unternehmen die Verpflichtung eingeht, als Gegenleistung Eigenkapitalinstrumente eines anderen Gruppenunternehmens zu gewähren, sind aus Sicht des leistungsempfangenden Unternehmens anteilsbasierte Vergütungen mit Barausgleich, da diese Instrumente aus dessen Perspektive finanzielle Vermögenswerte darstellen. Aus Konzernsicht und aus Sicht des Unternehmens, dass die Eigenkapitalinstrumente gewährt, sind dies jedoch anteilsbasierte Vergütungen mit Ausgleich durch Eigenkapitalinstrumente. Umgekehrt sind Vergütungstransaktionen, bei denen ein anderes Gruppenunternehmen eine direkte Verpflichtung gegenüber dem Lieferanten des empfangenden Unternehmens übernommen hat, Eigenkapitalinstrumente des leistungsempfangenden Unternehmens zu gewähren, sowohl aus Konzernsicht als auch aus Sicht des leistungsempfangenen Unternehmens als anteilsbasierte Vergütungen mit Ausgleich durch Eigenkapitalinstrumente einzustufen. Aus der Perspektive des die Vergütung gewährenden Unternehmens handelt es sich jedoch um eine anteilsbasierte Vergütung mit Barausgleich, da aus dessen Sicht die Eigenkapitalinstrumente des anderen Gruppenunternehmens finanzielle Vermögenswerte darstellen.

55   Diese unterschiedliche Behandlung derselben Transaktion im Konzernabschluss und/oder in den separaten Einzelabschlüssen der beteiligten Konzernunternehmen ist im Rahmen der Standardsetzung durchaus kritisiert worden. So wurde insbesondere das Abstellen auf den rein formalen Aspekte, welches Unternehmen der Gruppe letztlich die Vergütung schuldet, und der damit verbundene Gestaltungsspielraum kritisch gesehen.[34]

56   Die folgende Tabelle[35] fasst die unterschiedlichen Klassifizierung von Konzernplänen, bei dem Tochterunternehmen (TU), Mutterunternehmen (MU) und/oder nicht beherrschende Gesellschafter des Mutterunternehmens (nbG MU) involviert sind, zusammen:

---

32   *Freiberg* PiR 2010, 25ff.
33   *Freiberg* PiR 2010, 25ff.
34   Vgl. *Schreiber/Beiersdorf* KoR 2005, 338ff.
35   In Anlehnung an *Freiberg* PiR 2010, 25f.

Köster

Leistungs-empfänger	Ver-gütungs-schuldner	Ver-gütung	Klassifizierung im		
			Einzel-abschluss TU	Einzel-abschluss MU	Konzern-abschluss
TU	MU	Anteile MU	*equity settled*	*equity settled*	*equity settled*
		Anteile TU	*equity-settled*	*cash-settled*	*equity-settled*
		bar	*equity-settled*	*cash-settled*	*cash-settled*
TU	nbG MU	Anteile MU	*equity-settled*	*n/a*	*equity-settled*
		Anteile TU	*equity-settled*	*n/a*	*equity-settled*
		bar	*equity-settled*	*n/a*	*cash-settled*
MU	nbG MU	Anteile MU	*n/a*	*equity-settled*	*equity-settled*
		Anteile TU	*n/a*	*equity-settled*	*equity-settled*
		bar	*n/a*	*equity-settled*	*equity-settled*

3. Bewertung. a) Direkte und indirekte Bewertung. Die Gewährung von Eigenkapitalinstrumenten 57
gegen den Empfang von Gütern oder Dienstleistungen stellt wirtschaftlich einen tauschähnlichen Vor-
gang dar. Die im Rahmen von Tauschtransaktionen erworbenen Güter sind auf Basis der Regelungen des
F.100(a) bzw. für Vermögenswerte des Sachanlagevermögens entsprechend IAS 16.26 grundsätzlich mit
dem Zeitwert der hingegebenen Vermögenswerte anzusetzen. Da aber das Eigenkapital eine Residualgröße darstellt, kehrt IFRS 2.10 diesen Grundsatz für anteilsbasierte Vergütungen mit Ausgleich durch
Eigenkapitalinstrumente um.[36] Danach sind Güter und Leistungen, die durch Ausgabe von Eigenkapitalinstrumenten erworben wurden, mit ihren beizulegenden Zeitwerten anzusetzen (**direkte Methode**).
Lediglich dann, wenn eine verlässliche Schätzung des beizulegenden Zeitwertes der empfangenen Güter
und Dienstleistungen nicht möglich ist, erfolgt die Ermittlung des Wertansatzes indirekt über den Zeitwert der gewährten Eigenkapitalinstrumente (**indirekte Methode**).

Bei anteilsbasierten Vergütungen mit **Mitarbeitern und solchen Personen, die ähnliche Leistungen** 58
erbringen, stellt IFRS 2.11 die unwiderlegbare Vermutung auf, dass der Zeitwert der empfangenen Leistungen nicht zuverlässig ermittelt werden kann. Dies liegt nach Einschätzung des IASB vor allem daran,
dass anteilsbasierte Vergütungen i.d.R. im Rahmen eines Gesamtvergütungspaketes vereinbart werden
und es schwierig ist, den einzelnen Vergütungsbestandteilen spezifische Leistungen zuzuordnen (IFRS
2.12). Aus diesem Grund erfolgt der Wertansatz von anteilsbasierten Vergütungen mit Eigenkapital-
ausgleich für Mitarbeiter und Parteien, die ähnliche Leistungen erbringen, grundsätzlich auf Basis der
Zeitwerte der gewährten Eigenkapitalinstrumente.

---

36   Vgl. *Köster* IFRS Praxis, §5 Rn 556.

59   Für alle anderen Parteien besteht die **widerlegbare Vermutung**, dass der beizulegende Zeitwert der erhaltenen Güter oder Dienstleistungen verlässlich geschätzt werden kann. Insofern stellt die direkte Bewertung bei anderen Parteien als Mitarbeitern den Regelfall dar. Der beizulegende Zeitwert ist an dem Tag zu ermitteln, an dem das Unternehmen die Güter erhält oder die Vertragspartei ihre Leistung erbringt (IFRS 2.13). Der **Zugangszeitpunkt** von Gütern bestimmt sich dem entsprechend nach den für Vorräte bzw. Sachanlagen geltenden Grundsätzen. Hinweise für den Zeitpunkt des Empfangs von Leistungen enthält IAS 38.69A. Danach erbringt eine Partei ihre Leistung, wenn sie vertragsgemäß geleistet hat und nicht, wenn das Unternehmen die Leistungen für eigene Zwecke verwendet.

60   Lediglich wenn **nicht identifizierbare Güter und Leistungen** Bestandteil der anteilsbasierten Transaktion sind, ist neben dem Zeitwert der identifizierbaren Güter und Leistungen auch der Zeitwert der gewährten Eigenkapitalinstrumente zu bestimmen (IFRS 2.13A). Die Differenz entfällt dann auf die nicht identifizierten Güter und Leistungen, die mithin ebenfalls indirekt bewertet werden.[37] Fraglich ist, ob sich daraus eine Verpflichtung des Unternehmens ableitet, bei sämtlichen anteilsbasierten Vergütungen mit anderen Parteien als Mitarbeitern, das Vorhandensein nicht identifizierbarer Güter und Leistungen zu prüfen. Dies betrifft insbesondere Fälle, in denen nicht bereits ein offensichtliches Ungleichgewicht zwischen den gewährten Eigenkapitalinstrumenten und den empfangenen identifizierbaren Gütern und Leistungen besteht, wie z.B. bei aktienbasierten Spenden (IFRS 2.IG5). Während eine solche Pflicht z.T. gesehen wird,[38] lehnen andere diese mit Verweis auf IFRS 2.BC128C ab.[39]

61   Im Gegensatz zu den anteilsbasierten Vergütungen mit Ausgleich durch Eigenkapitalinstrumente werden anteilsbasierte Vergütungen mit Barausgleich grundsätzlich indirekt, d.h. zum Zeitwert der entsprechenden Schuld ohne Rückgriff auf den Zeitwert der empfangenen Güter und Leistungen bewertet (IFRS 2.30). Zu den Einzelheiten der Bewertung von anteilsbasierten Vergütungen mit Barausgleich vgl. Rn 127ff.

62   **b) Bewertungskonzeptionen.** Während für die Fälle der direkten Bewertung der Wert der anteilsbasierten Vergütung aus dem beizulegenden Zeitwert der empfangenen Güter und Dienstleistungen abgeleitet wird, sind für alle Formen der anteilsbasierten Vergütungen, die eine indirekte Bewertung vorsehen, also insbesondere Transaktionen mit Mitarbeitern und anteilsbasierte Vergütungen mit Barausgleich, die entsprechenden Wertansätze anhand der gewährten Eigenkapitalinstrumente bzw. der eingegangenen Schulden zu ermitteln.

63   Die wesentlichen in diesem Zusammenhang mit der Bewertung von Aktienoptionen diskutierten Bewertungskonzepte sind der **innere Wert** und der **beizulegende Zeitwert**. Der einfach zu ermittelnde innere Wert ergibt sich aus der Differenz zwischen dem aktuellen Aktienkurs und dem Bezugskurs der Aktie gemäß den Optionsbedingungen und entspricht somit dem Gewinn des Optionsinhabers bei sofortiger Ausübung.[40] Da eine Option ein Recht, aber keine Pflicht, zum Bezug von Aktien darstellt, kann der innere Wert einer Option nicht negativ werden. Die mögliche Teilnahme des Optionsinhabers an künftigen Wertsteigerungen der Aktie bei gleichzeitigem Schutz gegen Kursrückgänge schlägt sich in der Optionsprämie nieder. Optionsprämie und innerer Wert bilden zusammen den Gesamtwert bzw. den beizulegenden Zeitwert der Option. Die Höhe der Optionsprämie hängt im Wesentlichen von dem Ausübungspreis, der Laufzeit der Option, dem aktuellen Marktpreis der zugrunde liegenden Aktien, deren erwartete Volatilität und Dividendenrendite sowie dem risikolosen Zinsfuß ab. Grundsätzlich gilt, je länger (kürzer) die Laufzeit, je höher (niedriger) die erwartete Volatilität und je niedriger (höher) die erwartete Dividendenrendite und der risikolose Zinsfuß sind, desto höher ist die Optionsprämie.

---

37   Vgl. *Roß/Simons* Rechnungslegung nach IFRS, IFRS 2 Rn 58.
38   Vgl. *Vater* Internationale Rechnungslegung, IFRS 2 Rn 138.
39   Vgl. *Schreiber* KoR 2006, 298ff.
40   Vgl. *Köster* IFRS Praxis, § 5 Rn 559.

Obgleich der innere Wert insbesondere bei anteilsbasierten Vergütungen mit Barausgleich letztlich dem Zahlungsmittelabfluss der Unternehmens entspricht, hat sich das IASB gegen den Ansatz anteilsbasierter Vergütungen zum inneren Wert und für einen **Zeitwertansatz** ausgesprochen. Seiner Auffassung nach spiegelt nur dieser Wert die gesamte Tauschtransaktion zuverlässig wieder, da eine Beschränkung auf den inneren Wert eine wesentliche Wertkomponente der Aktienoptionen ausschließen würde (IFRS 2.BC85).

64

Im Hinblick auf anteilsbasierte Vergütungen mit Barausgleich sieht dies das IASB genauso. Der Wert der virtuellen Eigenkapitalinstrumente enthält neben dem inneren Wert auch eine Optionsprämie, die Bestandteil der Tauschtransaktion ist. Dies stellt eine wesentliche Abweichung von den Bewertungsgrundsätzen anderer ungewisser Verbindlichkeiten dar, die gem. IAS 37 mit der besten Schätzung des Erfüllungsbetrags anzusetzen sind. Zu den Einzelheiten der Rückstellungsbewertung vgl. die Ausführung zu IAS 37 in diesem Buch. Wegen der Notwendigkeit anteilsbasierte Vergütungen mit Barausgleich bis zu ihrem Erfüllungstag zu jedem Abschlussstichtag neu zu bewerten (vgl. Rn 73), entspricht der Wertansatz am Erfüllungstag dem inneren Wert der virtuellen Eigenkapitalinstrumente. So wird sichergestellt, dass anders als bei eigenkapitalgedeckten Vergütungen, lediglich der Ausübungsgewinn des Mitarbeiters, also der tatsächliche Mittelabfluss aus dem Unternehmen aufwandswirksam wird.[41]

65

Nur in den seltenen Ausnahmefällen, in denen das Unternehmen bei indirekt zu bewertenden Transaktionen nicht in der Lage ist, den Zeitwert verlässlich zu bestimmen, ist ein Wertansatz auf Basis des **inneren Wertes** geboten (IFRS 2.24). In diesen Fällen gelten auch Besonderheiten hinsichtlich der Folgebewertung (vgl. Rn 72). Wann ein solcher Ausnahmefall vorliegen soll, darüber gibt der Standard keine weiteren Auskünfte. Klar ist jedoch, dass die notwendige und mitunter schwierige Schätzung einzelner für die Bewertung notwendiger Parameter, wie z.B. die erwartete Volatilität (vgl. Rn 80), oder die Tatsache, dass das Unternehmen nicht börsennotiert ist, kein hinreichender Grund für die Heranziehung des inneren Wertes ist.[42] Nur bei äußerst ungewöhnlichen und komplexen Eigenschaften einer Option (bzw. virtuellen Option), kann das Abstellen auf den inneren Wert geboten sein (IFRS 2.BC195). Ein späterer Wechsel auf den beizulegenden Zeitwert ist auch bei Wegfall der Ausnahmegründe nicht möglich.[43]

66

c) Bewertungsstichtag. Während die empfangenen Güter und Leistungen bei direkt zu bewertenden anteilsbasierten Vergütungen im Zugangszeitpunkt der entsprechenden Güter bzw. Leistungen zu bewerten sind (vgl. Rn 59), stellen sich bei der indirekten Bewertung auf Basis der gewährten Eigenkapitalinstrumente bzw. der eingegangenen Schulden zunächst zwei grundlegende Fragestellungen: Zu welchem Zeitpunkt ist die Wertermittlung der ausgegebenen realen oder virtuellen Eigenkapitalinstrumente als Wertmaßstab für die empfangenen Güter und Leistungen vorzunehmen und erfolgt die Wertermittlung einmalig oder fortlaufend?

67

aa) Erstmalige Bewertung. Im Hinblick auf den **Zeitpunkt der erstmaligen Bewertung** differenziert der Standard danach, ob es sich um eine anteilsbasierte Vergütung mit Mitarbeitern und ähnliche Parteien (vgl. Rn 37) oder um andere Parteien handelt. Für erstere gilt der Zeitpunkt der Gewährung (vgl. Rn 35) als erstmaliger Bewertungsstichtag und für letztere der Zeitpunkt des Zugangs der Güter bzw. Leistungen. Die Begründung des IASB für die unterschiedliche Behandlung von Mitarbeitern und anderen Parteien vermag nicht vollständig zu überzeugen. Da der Wertmaßstab der gewährten Eigenkapitalinstrumente als Ersatzwert (*surrogate*) für die empfangenen Leistungen dient, sah das IASB den Zeitpunkt der Gewährung als den Zeitpunkt an, in dem die Vertragsparteien davon ausgehen, dass Leistungen und Gegenleistungen in einem ausgeglichenen Verhältnis stehen (IFRS 2.BC96). Wertschwankungen der gewährten Eigenkapitaltitel bis zum Ausübungszeitpunkt haben mithin keine Auswirkungen

68

---

41 Vgl. *Pellens/Crasselt* KoR 2004, 113ff.
42 Vgl. *KPMG (Hrsg.)* Insights, 1037.
43 Vgl. *Hasenburg/Seidler* Der Konzern 2005, 159ff.

auf den Wert der empfangenen Leistungen (IFRS 2.BC 93). Obwohl dies m.E. auch bei anderen Parteien als Arbeitnehmern zutrifft, sieht das IASB hier eine engere Korrelation zwischen dem Wert der Eigenkapitalinstrumente und der empfangenen Güter und Leistungen im Zugangszeitpunkt. Dies insbesondere vor dem Hintergrund, dass der Zugangszeitpunkt bei Gütern i.d.R. punktuell und bei Leistungen über einen kürzeren Zeitraum erfolgt, als bei Mitarbeitern (IFRS 2.BC126), deren Gegenleistung bereits ab dem Tag der Gewährung kontinuierlich erbracht wird. Darüber hinaus sah das IASB die Gefahr von Strukturierungsmöglichkeiten bei einer Wertermittlung zum Gewährungszeitpunkt anteilsbasierter Vergütungen mit anderen Parteien (IASB 2.BC127).

69   Während der Zugangszeitpunkt der Güter und Leistungen i.d.R. relativ unproblematisch zu bestimmen ist, lässt sich der **Tag der Gewährung** mitunter nicht ohne weiteres bestimmen. Insbesondere bei revolvierenden Vergütungsplänen ist häufig fraglich, ob ein einheitlicher oder verschiedene Gewährungszeitpunkte vorliegen. In diesen Fällen kommt es darauf an, wie präzise die jeweiligen Optionsbedingungen formuliert sind.[44]

Beispiel:

Zu Beginn des Jahres x1 werden die Mitarbeiter informiert, dass sie über die nächsten drei Jahre jeweils 1.000 Aktienoptionen beziehen können, wenn sie (a) zum Ende des jeweiligen Geschäftsjahres noch in einem ungekündigten Arbeitsverhältnis stehen und (b) bestimmte Umsatzziele, die zu Beginn des entsprechenden Jahres kommuniziert werden, erreicht wurden.

Gem. Definition (vgl. Rn 35) muss zum Gewährungszeitpunkt ein Einverständnis über die wesentlichen Vertragsbestandteile bestehen. Da die Ausübungsbedingungen einen wesentlichen Vertragsbestandteil darstellen, dürften in diesem Fall drei separat zu bilanzierende Tranchen vorliegen, deren Gewährungszeitpunkt jeweils der Jahresbeginn mit der Kommunikation der Umsatzziele ist.

Variante:

Die Umsatzziele für alle drei Jahre werden zu Beginn des Jahres x1 kommuniziert.

In diesem Fall liegt zu Beginn des Jahres x1 ein Verständnis über die wesentlichen Vertragsbestandteile aller drei Tranchen vor. Der Gewährungszeitpunkt ist daher für alle drei Tranchen einheitlich der Beginn des Geschäftsjahres x1.

70   **bb) Fortlaufende Bewertung.** Die Frage, ob eine fortlaufende Bewertung der gewährten realen oder virtuellen Eigenkapitalinstrumente bis zum Ausübungszeitpunkt erforderlich ist, lässt sich konzeptionell eindeutig beantworten: da reale Eigenkapitalinstrumente eine Residualgröße i.S.d. *Framework* darstellen, kommt eine fortlaufende Bewertung nicht in Betracht. Der Ausübungsgewinn bzw. die Nichtausübung der gewährten Optionen liegt in der ökonomischen Sphäre des Optionsinhabers und berührt dem entsprechend weder den Wert der empfangenen Güter und Leistungen, noch den Wert der Residualgröße „Eigenkapital". Bei virtuellen Eigenkapitalinstrumenten indes liegt eine Verpflichtung des Unternehmens zur Abgabe von flüssigen Mitteln oder anderen Vermögenswerten vor. Insofern berührt der Ausübungsgewinn des Mitarbeiters auch die ökonomische Sphäre des Unternehmens.

71   Diesen konzeptionellen Grundsätzen entsprechend bestimmt IFRS 2.16, dass bei anteilsbasierten Vergütungen mit Ausgleich durch Eigenkapitalinstrumente, diese grundsätzlich nur zum entsprechenden Bewertungsstichtag (vgl. Rn 63ff.) zu bewerten sind. Weder Änderungen der in die Bewertung eingehenden Parameter noch die Änderung von Marktbedingungen oder die Nichtausübung nach Unverfallbarkeit führen zu **Anpassungen** an den Wertansatz der erfassten Güter bzw. Aufwendungen für Leistungen und dem Eigenkapital (IFRS 2.21 und 23).

---

44   Vgl. *Ernst & Young (Hrsg.)* International GAAP, 1844.

Etwas anderes gilt nur für solche Eigenkapitalinstrumente, die zum **inneren Wert** zu bewerten sind. Zu den Voraussetzungen vgl. Rn 66. Der innere Wert ist zu jedem Abschlussstichtag bis zur endgültigen Erfüllung durch Ausübung, Verwirkung oder Verfall zu ermitteln. Zwischenzeitliche Änderungen sind erfolgswirksam zu erfassen (IFRS 2.24(c)). Anders als bei zum beizulegenden Zeitwert bewerteten Vergütungen findet ein hier also ein vollständiger *true-up* der gebuchten Aufwendungen, statt, d.h. dass der erfasste Aufwand den tatsächlich ausgeübten Optionen angepasst wird. Der Verstoß gegen den konzeptionellen Grundsatz, dass der Ausübungsgewinn bei echten Eigenkapitalinstrumenten nicht die Sphäre des Unternehmens berührt (vgl. Rn 70), wird wohl damit begründet, dass der innere Wert lediglich einen aus Sicht des IASB unvollkommenen Ersatzmaßstab für den beizulegenden Zeitwert darstellt. Da der innere Wert zum Gewährungszeitpunkt häufig Null beträgt, würde der Verzicht auf eine fortlaufende Bewertung bei Inanspruchnahme der Ausnahmeregelung in vielen Fällen dazu führen, dass die anteilsbasierten Vergütungen zu keinem Aufwand führen. | 72

Virtuelle Eigenkapitalinstrumente indes führen zu einer Verpflichtung des Unternehmens zur Abgabe flüssiger Mittel oder anderer Vermögenswerte und zwar in Höhe des (fiktiven) Ausübungsgewinns des Rechteinhabers. Dem entsprechend verlangt IFRS 2.30 die fortlaufende Bewertung bis zur endgültigen Erfüllung durch Ausübung, Verwirkung oder Verfall. Auch bei **anteilsbasierten Vergütungen mit Barausgleich** findet daher ein vollständiger *true-up* (vgl. Rn 72) der erfassten Aufwendungen statt. Zur Kritik der unterschiedlichen Behandlung vgl. Rn 49. | 73

d) Ermittlung des Zeitwertes. Grundsätzlich ist bei indirekter Bewertung der beizulegende Zeitwert der gewährten Eigenkapitalinstrumente entsprechend der allgemeinen *fair value* Hierarchie anhand von **Marktpreisen** zu bewerten (IFRS 2.18). Bei der Ausgabe von Aktien ist dies zumindest bei börsennotierten Unternehmen i.d.R. problemlos möglich. Bei gewährten Anteilen, die nicht an einer öffentlichen Börse gehandelt werden, ist der Zeitwert der Anteile anhand geeigneter Bewertungsmodelle zu schätzen (IFRS 2.17). Dabei sind unabhängig davon, ob die Anteile börsennotiert sind oder nicht, Vertragsbedingungen, die einen Einfluss auf den Marktwert haben, wie z.B. Verfügungsbeschränkungen oder Gewinnbezugsrechte, zu berücksichtigen (IFRS 2.B2). Dies gilt allerdings nicht für Ausübungsbedingungen, die keine Marktbedingungen sind. Zum Begriff von Ausübungsbedingungen und deren Berücksichtigung vgl. Rn 32. Bei der Beurteilung, ob die Vertragsbedingungen einen Einfluss auf den Marktwert haben, ist aus Sicht eines potentiellen sachverständigen, vertragswilligen Marktteilnehmers zu beurteilen (IFRS 2.B3). | 74

Wesentlich komplexer ist die Bewertung von Optionsrechten, da ein Rückgriff auf Marktpreise auch bei börsennotierten Unternehmen i.d.R. nicht möglich ist. Dies liegt insbesondere daran, dass sich die Optionsbedingungen bei anteilsbasierten Vergütungssystemen auf Grund ihrer spezifischen Ausgestaltung als Anreizsystem von börsengehandelten Optionsrechten stark unterscheiden. So verfügen die im Rahmen von anteilsbasierten Vergütungen gewährten **Optionsrechte** i.d.R. über längere Laufzeiten als börsengehandelte Optionen. Dies gilt umso mehr nach der Verabschiedung des VorstAG, das die Sperrfristen für Aktienoptionen auf mindestens vier Jahre ausgedehnt hat. Darüber hinaus sehen vergütungshalber gewährte, anders als börsengehandelte Optionen, häufig Dienst- und Leistungsbedingungen vor. Der beizulegende Zeitwert von Optionen aus anteilsbasierten Vergütungen ist daher im Regelfall mittels geeigneter Bewertungsverfahren zu schätzen. Dies gilt auch für die aus **anteilsbasierten Vergütungen mit Barausgleich** resultierenden Verpflichtungen. Hier sieht der Standard nur eine Schätzung des Zeitwertes anhand eines Bewertungsmodells vor, da davon auszugehen ist, dass vergleichbare gehandelte Instrumente nicht existieren (IFRS 2.33). | 75

Der Standard schreibt nicht die Verwendung eines bestimmten Modells vor, legt sich aber fest, dass es sich um ein **Optionspreismodell** handeln muss (IFRS 2.B4) und macht detaillierte Vorgaben für die | 76 zu berücksichtigenden Parameter (IFRS 2.B5-41). Das verwendete Optionspreismodell muss mindestens die folgenden Faktoren berücksichtigen (IFRS 2.B6):

- Ausübungspreis der Option,
- Laufzeit der Option,
- aktueller Kurs der zugrunde liegenden Aktie,
- die erwartete Volatilität des Aktienkurses,
- die erwartete Dividendenrendite und
- der laufzeitadäquate risikolose Zinssatz.

77   **aa) Bewertungsparameter.** Bei der Schätzung **erwarteter Parameter** gilt es einen Näherungswert zu ermitteln, wie er sich in einem aktuellen Marktkurs oder einer verhandelten Tauschtransaktion widerspiegeln würden (IFRS 2.B11). Bei einer möglichen Bandbreite von Werten ist ein nach Eintrittswahrscheinlichkeit gewichteter Erwartungswert in das Modell zu übernehmen (IFRS 2.B12). Bei der Ableitung von Zukunftserwartungen stellen Erfahrungen aus der Vergangenheit eine wichtige Ausgangsbasis dar, die aber nicht ohne weiteres übernommen werden dürfen (IFRS 2.B15). Sie sind vielmehr anzupassen, wenn sich die Zukunft voraussichtlich anders als die Vergangenheit entwickeln wird (IFRS 2.B14). In einigen Fällen stehen auch keine historischen Daten zur Verfügung, wie z.B. die historische Volatilität eines nicht börsennotierten oder eines erst kürzlich an die Börse eingeführten Unternehmens (IFRS 2.B14). Dies stellt aber für sich genommen keinen Grund dar, auf eine Zeitbewertung zu verzichten (vgl. Rn 66.).

78   Der **Ausübungspreis** der Option ist häufig ein fest vorgegebener Wert, kann aber auch durch die Verknüpfung mit Erfolgszielen anhand eines festen Berechnungsschemas vorgegeben werden (**variabler Ausübungspreis**). **Der aktuelle Kurs** der zugrunde liegenden Aktien ist bei börsennotierten Unternehmen ein Marktdatum und ist andernfalls ebenfalls durch geeignete Bewertungsmodelle zu ermitteln.

79   Die **Laufzeit** der Option ist ein bedeutender Werttreiber einer Option, da diese einen wesentlichen Einfluss auf die Optionsprämie hat.[45] Die Laufzeit der Option erstreckt sich dabei grundsätzlich über den Erdienungszeitraum und den sich häufig daran anschließenden Ausübungszeitraums (**vertragliche Optionslaufzeit**). Wegen des in der Praxis zu beobachtenden Phänomens, dass Mitarbeiteroptionen häufig kurze Zeit nach Ablauf des Erdienungszeitraums, d.h. erheblich vor Ablauf der vertraglichen Optionslaufzeit ausgeübt werden, verlangt IFRS 2.B17 die Berücksichtigung der möglichen vorzeitigen Ausübung bei der Zeitwertermittlung.[46] Entgegen dem in IAS 2.B11 postulierten Grundsatz gibt IFRS 2.B17 in diesem Fall die Marktperspektive zugunsten der Mitarbeitersicht auf.[47] Dabei sollte aber nicht auf das Ausübungsverhalten individueller Mitarbeiter abgestellt werden.[48] Die Unterteilung in Gruppen, die sich hinsichtlich des Ausübungsverhaltens unterscheiden, kann aber einer systematischen Überbewertung von Optionsrechten entgegenwirken (IFRS 2.B19-B21).[49] Wie die erwartete Laufzeit bei der Bewertung konkret zu berücksichtigen ist, hängt von dem verwendeten Modell ab. Während einwertige Modelle, wie das Black-Scholes-Modell (vgl. Rn 86) die Verwendung eines gewichteten Durchschnitts erfordert, kann das unterschiedliche Ausübungsverhalten bei der Verwendung von Binominalmodellen (Vgl. Rn 87) explizit modelliert werden. Zu beachten ist dabei aber, dass eine vorzeitige Ausübungsmöglichkeit nur dann für die Bewertung relevant ist, sofern die erwartete Dividendenrendite größer Null ist. Wird für die Laufzeit der Option keine Dividendenzahlung des Unternehmens erwartet, kann die vertragliche Laufzeit bei der Ermittlung des beizulegenden Zeitwertes unterstellt werden.

---

45   Vgl. *Vater* Internationale Rechnungslegung, IFRS 2 Rn 225.
46   Zu möglichen Gründen vgl. IFRS 2.B16.
47   Vgl. *Vater* Internationale Rechnungslegung, IFRS 2 Rn 227.
48   Vgl. *Ernst & Young (Hrsg.)* International GAAP, 1905.
49   Im Einzelnen dazu vgl. *Vater* Internationale Rechnungslegung, IFRS 2 Rn 231ff.

Die **erwartete Volatilität** ist ein Maß für die erwartete Schwankungsbreite eines Aktienkurses innerhalb eines bestimmten Zeitraums. Hier ist regelmäßig ein Rückgriff auf Schätzungen notwendig. Sofern es öffentlich gehandelte Optionen des Unternehmens mit vergleichbaren Laufzeiten unter Berücksichtigung der vorzeitigen Ausübungsmöglichkeit der Mitarbeiteroptionen gibt, kann die erwartete Volatilität aus der impliziten Volatilität der gehandelten Instrumente abgeleitet werden. Ist dies nicht der Fall, muss die erwartete Volatilität aus der historischen Volatilität des Aktienkurses des Unternehmens im jüngsten Zeitraum, der der erwarteten Optionslaufzeit entspricht, abgeleitet werden (IFRS 2.B25). Dabei sind aber Ereignisse, die eine über- oder unterdurchschnittliche Volatilität im beobachteten Zeitraum hervorgerufen haben (z.B. ein Übernahmeangebot, Finanzkrisen etc.) entsprechend zu korrigieren. Voraussetzung für die Ableitung der erwarteten aus der historischen Volatilität ist, dass das Unternehmen über einen entsprechenden Zeitraum börsennotiert ist bzw. war. Ist diese Voraussetzung nicht erfüllt, weil es nicht bzw. erst seit kurzer Zeit börsennotiert ist, kann der Rückgriff auf die historische Volatilität vergleichbarer Unternehmen erforderlich sein (IFRS 2.B26, B29). 80

Sofern die Inhaber der Aktienoptionen bzw. Aktienanwärter während der Erdienungsphase nicht dividendengeschützt sind, müssen die **erwarteten Dividenden** in die Schätzung des beizulegenden Zeitwertes der gewährten realen oder virtuellen Eigenkapitalinstrumente einbezogen werden (IFRS 2.B31). Bei der Bestimmung der erwarteten Dividenden ist auf öffentlich verfügbare Informationen abzustellen. Unternehmen, die in der Vergangenheit keine Dividenden ausgeschüttet haben und dies auch für die Zukunft nicht planen, müssen eine Dividendenrendite von null ansetzen (IFRS 2.B36). 81

Der für alle Bewertungsmodelle benötigte **risikolose Zinssatz** entspricht der impliziten Rendite der Nullupon-Staatsanleihen des Landes, in dessen Währung der Ausübungspreis bestimmt wird. Deren Restlaufzeit muss der (erwarteten) Restlaufzeit der zu bewertenden Optionen im Wesentlichen entsprechen (IFRS 2.B37). Eine Anpassungsnotwendigkeit ergibt sich, wenn zu erwarten ist, dass die Marktteilnehmer nicht auf Staatsanleihen zurückgreifen, um den risikolosen Zinssatz abzuleiten, weil z.B. erhöhte Ausfallrisiken bestehen, oder Anzeichen dafür vorliegen, dass der implizite Zinssatz nicht dem risikolosen Zinssatz entspricht (z.B. bei Hochinflationsländern). 82

Anders als bei gehandelten Optionen unterliegen die Anteilseigner bei der Gewährung realer Mitarbeiteroptionen einem tatsächlichen (Ausgabe neuer Aktien) bzw. einem ökonomischen (Kauf eigener Aktien) **Verwässerungseffekt**. Dieser Verwässerungseffekt wirkt über einen verringerten Aktienkurs auch auf den potenziellen Ausübungsgewinn der Optionsinhaber. Die Anpassung erfolgt, indem der beizulegende Zeitwert ohne Verwässerungseffekt mit $1/(1+\lambda)$ multipliziert wird, wobei λ dem Verhältnis der neu zu emittierenden Aktien zu den bestehenden Aktien entspricht.[50] Die Berücksichtigung solcher Kapitalstruktureffekte ist aber nur erforderlich, soweit der erwartete Verwässerungseffekt wesentlich ist und dieser sich noch nicht im aktuellen Börsenkurs niedergeschlagen hat (IFRS 2.B40). 83

Darüber hinaus sind ggf. andere Faktoren, die sachkundige, vertragswillige Parteien bei der Preisfestsetzung berücksichtigen würden, einzubeziehen, insbesondere marktabhängige Ausübungsbedingungen und Nicht-Ausübungsbedingungen. Bezüglich der Definition vgl. Rn 33f. Marktunabhängige Ausübungsbedingungen sind nicht bei der Ermittlung des beizulegenden Zeitwertes, sondern bei der Schätzung des Mengengerüstes zu berücksichtigen. Im Einzelnen vgl. Rn 89ff. 84

bb) Optionspreismodelle. Welches Optionspreismodell der Bewertung zugrunde zu legen ist, hängt im Wesentlichen von den wichtigen Optionsparametern, wie Laufzeit und Optionsbedingungen ab. Die gängigsten Modelle zur Optionspreisbewertung sind das Black-Scholes-Merton Modell, das Bi- bzw. Trinominalmodell und die Monte Carlo Simulation. Während die ersten beiden zu den analytischen Modellen zählen, ist die Monte Carlo Simulation ein numerisches Modell, d.h. dessen Ergebnisse sind 85

---

50   Vgl. *Vater* Internationale Rechnungslegung, IFRS 2 Rn 253.

nicht reproduzierbar. Zur **Auswahl des konkreten Optionspreismodells** ist ein detailliertes Verständnis der obigen Parameter auf den Optionspreis und deren Abbildung im jeweiligen Modell notwendig. Zum Einen ist nur damit sichergestellt, dass ein den wesentlichen Optionsbedingungen adäquat widerspiegelndes Modell gewählt wird. Zum Anderen wird so verhindert, dass kein über die Maßen komplexes Modell verwendet wird und somit dem Kosten-Nutzen-Aspekt Rechnung getragen wird.

86 Das in der Anwendungspraxis am häufigsten verwendete Optionspreismodell ist das **Black-Scholes-Modell**.[51] Dies liegt vermutlich insbesondere an dessen relativ einfacher Handhabung, da es sich bei diesem Modell um ein Einperiodenmodell mit geschlossener Bewertungsgleichung handelt.[52] Dies führt allerdings zu erheblichen Einschränkungen der Flexibilität und der Anwendbarkeit. Das Modell ist nur auf vergleichsweise einfache Optionen ohne komplexe Bedingungen anwendbar. So kann beispielsweise die vorzeitige Ausübbarkeit der Option vor Ende der Laufzeit nicht durch das Black-Scholes-Modell abgebildet werden. Darüber hinaus geht die erwartete Volatilität mit einem konstanten Wert in das Modell ein. Empirische Untersuchungen zeigen aber, dass die implizite Volatilität bei der Optionspreisbildung davon beeinflusst wird, ob die Option im Geld, d.h. ob bei einer Kaufoption der Bezugskurs unter dem aktuellen Börsenkurs der Aktie ist, oder aus dem Geld ist.[53] Außerdem ist die Volatilität häufig pfadabhängig, d.h. sie ist oftmals niedriger (höher) nach gestiegenen (gesunkenen) Aktienkursen. Sofern die Optionen aber eine relativ kurze Laufzeit haben bzw. kurz nach Ablauf des Erdienungszeitraums ausgeübt werden müssen, haben die o.g. Faktoren aber unter Umständen keinen wesentlichen Einfluss auf den beizulegenden Zeitwert, so dass das Black-Scholes-Modell auch in diesen Fällen zuverlässige Ergebnisse produzieren kann (IFRS 2.B5). In der Praxis wird die Anwendung des Black-Scholes-Modells durch verschiedene Excel-Funktionalitäten oder über fest programmierte Berechnungsprogramme unterstützt.

87 Deutlich flexibler, aber dennoch verhältnismäßig einfach in der Anwendung sind **Binominalmodelle**, die genau wie die Black-Scholes Formel einen arbitragefreien Kapitalmarkt mit reproduzierbarer risikoloser Anlage unterstellt.[54] Ihr Ansatz empfiehlt sich insbesondere bei Vorliegen marktabhängiger Leistungsbedingungen, da diese Modelle die Veränderbarkeit der Bewertungsparameter während der Laufzeit verarbeiten können. Die Flexibilität wird ermöglicht durch das iterative Vorgehen, bei dem zunächst ein „Entscheidungsbaum" hinsichtlich der Entwicklung des zugrunde liegenden Aktienkurses über frei wählbare Zeitschreite „Entscheidungsknoten" entwickelt wird. Mit jedem Zeitschritt kann sich der Aktienkurs um einen von der Volatilität abhängigen Faktor erhöhen oder reduzieren. In Abhängigkeit von der Volatilität und der Rendite der risikolosen Anlage ergeben sich risikolose Wahrscheinlichkeiten für die zwei möglichen Ausprägungen der Aktienkursentwicklung. In jedem Entscheidungsknoten bestimmt sich der Wert aller Ausprägungen anhand des Ausübungsgewinns (innerer Wert) der Option. Anschließend wird der Optionswert zu jedem Zeitpunkt zwischen Zusage und Ausübungszeitpunkt rekursiv ermittelt und zu einem abgezinsten Erwartungswert verdichtet.[55] Die Güte der Aussagefähigkeit steigt, je kürzer das Zeitintervall zwischen den einzelnen Entscheidungsknoten gewählt werden. Allerdings nimmt auch der Modellierungsaufwand exponentiell zu, wobei der Gewinn an zusätzlicher Aussagegüte mit jedem zusätzlichen Schritt abnimmt. Als Untergrenze werden im Schrifttum 100 Zwischenschritte für eine hinreichende Genauigkeit genannt.[56] Das Binominalmodell erfordert die Erstellung optionsspezifischer Modelle, die in der Praxis häufig mit programmierten Excel-Lösungen umgesetzt werden.

---

51 Vgl. *Müller/Reinke*, IRZ 2008, 359ff.
52 Vgl. *Freiberg/Lüdenbach* Haufe-Kommentar, § 23 Rn 203.
53 Vgl. *Köster* IFRS Praxis, § 5 Rn 569.
54 Im Einzelnen vgl. *Roß/Simons* Rechnungslegung nach IFRS, IFRS 2 Rn 88ff.
55 Für ein einfaches Anwendungsbeispiel vgl. *Ernst & Young (Hrsg.)* International GAAP, 1896.
56 *Freiberg/Lüdenbach* Haufe-Kommentar, §23 Rn 204.

Komplexere marktabhängige Ausübungsbedingungen, insbesondere solche, bei denen der Aktien- 88
kurs selbst maßgeblich für die Bestimmung der Anzahl der unverfallbar werdenden Optionen ist, so
genannte *total shareholder return* Bedingungen,[57] können auch in Binominalmodellen nicht mehr abgebildet werden. Sie erfordern den Einsatz von **Monte Carlo Simulationen**, bei denen für alle identifizierbaren Einflussgrößen des Optionspreises aus einem zuvor als plausibel bestimmten Intervall per
Zufallszahl mögliche Ausprägungen bestimmt werden. Davon ausgehend kann dann der Optionswert
für jede simulierte Ausprägung wieder mittels Black-Scholes Formel oder Binominalmodell ermittelt
werden. Durch eine hinreichend häufige Wiederholung des Simulationsprozesses ergibt sich eine Verteilung der Zufallsvariable „Optionswert", der zu einem Erwartungswert verdichtet wird. Als Untergrenze
wird im Schrifttum eine Anzahl von 10.000 Simulationsläufen genannt, wobei in Einzelfällen auch bis zu
1.000.000 Berechnungsdurchläufe erforderlich sein können.[58] Die praktische Umsetzung des Modells erfordert einen hohen Programmieraufwand und eine Vielzahl an Berechnungsschritten, die über einfache
Excel-Lösungen häufig nicht mehr realisierbar sind. Zur Nachvollziehbarkeit der Ergebnisse müssen die
einzelnen Simulationsläufe und die dazu gehöhrenden Berechnungen aufgezeichnet und entsprechend
dokumentiert sein.

e) Ermittlung des Mengengerüsts. Zur Ermittlung der absoluten Höhe des zu verrechnenden Auf- 89
wands der erhaltenen Leistungen bzw. des zu aktivierenden Betrags der empfangenen Güter bei der
indirekten Bewertung stellt sich die Frage, auf welches Mengengerüst der nach den oben dargestellten
Grundsätzen ermittelte Zeitwert angewendet werden soll. Diese Frage stellt sich insbesondere im Zusammenhang mit Mitarbeiteroptionen, die i.d.R. mit verschiedenen Ausübungsbedingungen versehen
sind und mithin die Anzahl der tatsächlich zu gewährenden Optionen im Gewährungszeitpunkt noch
nicht bekannt ist. In diesem Zusammenhang sind prinzipiell zwei verschiedene Vorgehensweisen denkbar:

(i) Berücksichtigung der Ausübungsbedingungen bei der Ermittlung des Zeitwertes der Optionen und
Berechnung des insgesamt zu berücksichtigen Betrags auf der Basis der gewährten Optionsrechte
oder

(ii) Ermittlung des Zeitwertes der Optionen ohne Berücksichtigung von Ausübungsbedingungen und
Berechnung des zu berücksichtigenden Aufwands bzw. des zu aktivierenden Betrags auf Basis der
geschätzten Anzahl der unverfallbar werdenden Optionsrechte.

Ausgehend von dem Gedanke der Ausgewogenheit von Leistung und Gegenleistung wäre Ansatz 90
(i) bei der indirekten Bewertung von anteilsbasierten Vergütungen mit Ausgleich durch Eigenkapitalinstrumente eigentlich der theoretisch richtige: maßgeblich für die Aufwandsbestimmung ist der Wert
der Eigenkapitalinstrumente zu deren Ausgabe sich das Unternehmen verpflichtet hat unabhängig vom
konkreten Verhalten der Gegenpartei. Wegen der hohen Anforderung, die mit einer Einbeziehung sämtlicher Ausübungsbedingungen in das Optionspreismodelle verbunden wären, hat sich das IASB für eine
Art Zwischenlösung, der **modifizierten Gewährungszeitpunktmethode** (*modified grant date approach*)
entschieden (IFRS 2.BC177). Während Marktbedingungen, die einfacher in Optionspreismodelle zu im-
plementierenden sind, bei der Ermittlung des beizulegenden Zeitwertes zu berücksichtigen sind, gehen
die übrigen Ausübungsbedingungen in die Schätzung des Mengengerüsts ein. Der so ermittelte Zeitwert
wird dem entsprechend mit der Anzahl der gewährten Optionsrechte multipliziert, die voraussichtlich
unverfallbar werden (IFRS 2.19-20).

---

57 Vgl. *Ernst & Young (Hrsg.)* International GAAP, 1902.
58 Vgl. *Freiberg/Lüdenbach* Haufe-Kommentar, §23 Rn 205.

Beispiel:

Ein Unternehmen gewährt seinen Führungskräften zu Beginn des Jahres x1 insgesamt 50.000 Aktienoptionen. Voraussetzung für die Ausübung ist, dass zum Ende des Jahres x3 noch ein Anstellungsverhältnis besteht. Der Zeitwert der Optionen beträgt zu Beginn des Jahres x1 (Gewährungszeitpunkt) 5€ pro Option. Das Unternehmen geht davon aus, dass innerhalb der nächsten drei Jahre ca. 10% der Führungskräfte das Unternehmen verlassen werden.

Zum Gewährungszeitpunkt beträgt der zu verrechnende Aufwand aus Mitarbeiteroptionen:

50.000 Stck x 0,9 x 5€/Stck. = 225.000€

91   Während nach dem oben geschilderten Grundsatz Änderungen von Marktbedingungen ohne Auswirkung auf die mit den Eigenkapitalinstrumenten vergüteten Güter oder Dienstleistungen bleiben, ist die Schätzung der Anzahl der in Abhängigkeit marktunabhängiger Bedingungen erwarteten unverfallbar werdenden Optionsrechte nach dem Tag der Gewährung entsprechend deren Entwicklung laufend anzupassen (IFRS 2.20).

Beispiel:

Anknüpfend an das obige Beispiel geht das Unternehmen am Ende des Jahres x2 davon aus, dass nur 5% der Führungskräfte das Unternehmen verlassen.

Der insgesamt zu verrechnende Aufwand ist daher auf:

50.000 Stck x 0,95 x 5€/Stck. = 237.500€

zu korrigieren

92   Ziel dieser Reglung ist, dass nach Ablauf des Erdienungszeitraums kumuliert über alle Perioden ein Aufwand auf Basis der Anzahl der auf Grund der Erfüllung der marktunabhängigen Ausübungsbedingungen unverfallbar werdenden Optionsrechte erfasst wird. Sofern sämtliche Optionsrechte wegen Nichterfüllung der Dienst- oder marktunabhängigen Leistungsbedingungen verfallen, wird auf kumulierter Ebene auch kein Aufwand erfasst (IFRS 2.19). Bestehen indes marktabhängige Leistungsbedingungen wird auch dann ein Aufwand erfasst, wenn sämtliche Optionsrechte wegen Nichterreichung dieser Bedingungen verfallen.

93   Etwas Vergleichbares gilt prinzipiell für **Nicht-Ausübungsbedingungen**. Da sie Bestandteil der Wertkomponente sind, haben Schätzungsänderungen nach dem Gewährungszeitpunkt keinen Einfluss auf den Wertansatz der als Gegenleistung erhaltenen Güter und Aufwendungen. Eine Korrektur des zu erfassenden Aufwands auf Grund verfallener Optionen wegen Nichterreichung der Nicht-Ausübungsbedingungen ist nicht vorzunehmen. In Abhängigkeit der Ausprägung der Nicht-Ausübungsbedingung kann es allerdings zu einem abweichenden zeitlichen Anfall der Aufwandserfassung kommen (vgl. Rn 126).

94   Aus der unterschiedlichen Bilanzierungsweise der verschiedenen Bedingungen und den damit verbundenen unterschiedlichen Ergebnisauswirkungen bestehen in der Praxis signifikante **Gestaltungsanreize** bei der Formulierung der Ausübungsbedingungen. So kann durch die Verknüpfung einer marktabhängigen Bedingung mit einer eng mit dieser korrelierenden marktunabhängigen Bedingung im Ergebnis eine Aufwandserfassung bei Verfehlen der marktabhängigen Bedingung vermieden werden. Wird z.B. erwartet, dass die Entwicklung des Ergebnisses je Aktie eng mit der Kurssteigerung der Aktie korreliert, kann die Aufwandserfassung des Aktienoptionsplans wie folgt gestaltet werden.[59]

---

59   Vgl. *Ernst & Young (Hrsg.)* International GAAP, 1861f.

Beispiel:

Ein Aktienoptionsplan soll nur unverfallbar werden, wenn neben der Erfüllung der Dienstzeit (z.B. vier Jahre) auch eine Mindestkurssteigerung innerhalb des Erdienungszeitraums erzielt wurde (z.b. mindestens 20%). Erfüllen die Anspruchsberechtigten die Dienstbedingungen ist der volle Aufwand zu erfassen, auch wenn die Leistungsbedingung verfehlt wird und keine Optionen zugeteilt werden. Wird indes anstelle oder zusätzlich zu der marktabhängigen Leistungsbedingung eine marktunabhängige Leistungsbedingung eingeführt, die eng mit der Kurssteigerung korreliert, wie z.b. eine 20%-ige Steigerung des Ergebnisses je Aktie, ist effektiv kein Aufwand zu erfassen, wenn diese Bedingung am Ende des Erdienungszeitraums verfehlt wird. Bereits in Vorperioden erfasster Aufwand ist zu stornieren.

4. Aufwandsverteilung. Besteht die Gegenleistung für die anteilsbasierte Vergütung nicht in aktivierbaren Vermögenswerten, sondern aus Leistungen, sind die daraus resultierenden Aufwendungen zu erfassen, wenn das Unternehmen die entsprechenden Leistungen empfängt (IFRS 2.7). Insbesondere im Zusammenhang mit Arbeitsleistungen ist dieser Zeitraum aber i.d.R. nicht feststellbar. Anteilsbasierte Vergütungen sind Bestandteil eines Vergütungspakets für die insgesamt erbrachte Arbeitsleistung. Eine separierbare Gegenleistung besteht hier i.d.R. nicht. Aber auch bei externen Dienstleistern ist denkbar, dass eigenständige Leistungen für die anteilsbasierte Vergütungen gewährt werden, nicht identifiziert werden können. 95

Sofern anteilsbasierte Vergütungen im Zusammenhang mit Leistungen gewährt werden, enthalten die IFRS 2.14-15 daher konkretisierende Kriterien für den Zeitraum, über den die entsprechenden Aufwendungen zu erfassen sind. Dabei stellt der Standard die widerlegbare Vermutung auf, dass es einen unmittelbaren Zusammenhang zwischen dem Zeitraum der Leistung und dem Erdienungszeitraum gibt: er stellt sicher, dass die mit der Gewährung der Eigenkapitalinstrumente erwartete Gegenleistung durch den Begünstigten auch tatsächlich erbracht wird (IFRS 2.BC171). Sofern also **keine weiteren marktunabhängigen Ausübungsbedingungen** an die Gewährung der anteilsbasierten Vergütung geknüpft sind, ist daher grundsätzlich der Aufwand für die empfangene Leistung im Gewährungszeitpunkt zu erfassen (IFRS 2.14). Lediglich wenn konkrete Hinweise für einen anderen Leistungszeitraum vorliegen, kann die Vermutung widerlegt werden. Ein solcher Hinweis könnte bspw. sein, wenn die Optionen zwar bereits zum Gewährungszeitpunkt ausübbar sind, sie aber soweit „aus dem Geld" sind, dass eine Ausübung wirtschaftlich unsinnig wäre.[60] 96

Ist hingegen die Gewährung der Eigenkapitalinstrumente an marktunabhängige Ausübungsbedingungen geknüpft, unterstellt IFRS 2, dass das Unternehmen die entsprechende Leistung über den Erdienungszeitraum erhält und der damit verbundene Aufwand entsprechend über diesen Zeitraum **abzugrenzen** ist (IFRS 2.15). Im einfachsten Fall sehen anteilsbasierte Vergütungen in der Regel Dienstbedingungen vor. Der Begünstigte erwirbt nur dann einen unverfallbaren Anspruch auf die gewährten Eigenkapitalinstrumente, wenn er während einer festgelegten Mindestdauer im Unternehmen verbleibt (vgl. Rn 32). Dieser Erdienungszeitraum entspricht dann auch grundsätzlich dem Zeitraum, über die der Aufwand aus der anteilsbasierten Vergütung zu verteilen ist (IFRS 2.15(a)). 97

Startzeitpunkt für die Aufwandverteilung ist grundsätzlich der Gewährungszeitpunkt (vgl. Rn 35). Hängt allerdings die rechtsgültige Vereinbarung von der Zustimmung z.B. der Hauptversammlung oder eines Vergütungskomitees ab, ist denkbar, dass das Unternehmen schon vor dem Gewährungszeitpunkt die Leistungen empfängt. In diesen Fällen ist entsprechend dem Grundsatz, dass der Leistungszeitraum maßgeblich für die Aufwandsverteilung sein soll (IFRS 2.7), bereits vor dem Gewährungszeitpunkt mit Empfang der Leistung durch das Unternehmen ein anteiliger Aufwand zu erfassen (IFRS 2.IG4). Hin- 98

---

60 Vgl. *Roß/Simons* Rechnungslegung nach IFRS, IFRS 2 Rn 143.

sichtlich des Bewertungszeitpunkts bleibt es aber beim Gewährungszeitpunkt, so dass mit Leistungs-beginn zunächst eine Schätzung des Zeitwerts im Gewährungszeitpunkts vorzunehmen ist. Diese Schätzung ist dann ggf. im Gewährungszeitpunkt anzupassen (IFRS 2.IG4).

Beispiel:

Zum 1. Januar x1 gewährt die X-AG ihren vier Vorstandsmitgliedern je 1.000 Optionen. Voraussetzung für die Gewährung ist eine Mindestdienstzeit von drei Jahren und das Erreichen bestimmter Erfolgsziele, die durch den Vergütungsausschuss des Aufsichtsrates festgelegt werden. Die nächste Ausschusssitzung ist am 15. April x1, auf der die Erfolgsziele für die Vorstände festgelegt werden.

Der Gewährungszeitpunkt der Optionen ist der 15. April x1, da erst in diesem Zeitpunkt sämtliche wesentliche Bedingungen des Optionsplans vereinbart sind. Andererseits ist davon auszugehen, dass die entsprechende Arbeitsleistung bereits mit Abschluss der Vergütungsvereinbarung am 1. Januar vom Unternehmen empfangen wird. Der Aufwand ist über den Zeitraum 1. Januar x1 bis 31. Dezember x3 zu verteilen. Am 1. Januar ist eine Schätzung des Zeitwertes der Optionen zum 15. April (Gewährungszeitpunkt) vorzunehmen. Die Schätzung führt zu einem Zeitwert von 15€ je Option. Am 15. April wird dieser Zeitwert auf 18 € je Option korrigiert. Das Unternehmen geht davon aus, dass alle vier Vorstandsmitglieder die Dienst- und Leistungsbedingungen erfüllen.

Das Unternehmen erfasst im 1. Quartal x1 einen Aufwand in Höhe von:

1.000 Stck x 4 x 15€/Stck x 3/36 = 5.000 €

Im 2. Quartal ist der Aufwand an den revidierten Zeitwert anzupassen:

1.000 Stck x 4 x 18€/Stck x 6/36 = 12.000

Im zweiten Quartal ist daher eine Aufwand von 12.000€ - 5.000€ = 7.000€ zu erfassen.

99   Ein nach Ablauf des Erdienungszeitraums weiterlaufender **Ausübungszeitraum** ist für die Aufwandsverteilung grundsätzlich unbeachtlich. Dies kann aber insbesondere in Deutschland, wo die Beendigung des Arbeitsverhältnisses während des Ausübungszeitraums häufig zu einem Verfall bzw. Zwangsausübung der Eigenkapitalinstrumente nach sich zieht, zu in einem Verstoß gegen das *matching principle* führen.[61]

100   Nicht in allen Fällen ist die Dauer des Erdienungszeitraums bereits zum Zeitpunkt der Gewährung bekannt. Vielmehr führen Leistungsbedingungen häufig zu einem variablen Erdienungszeitraum. Dies ist schon dann der Fall, wenn die Leistungsbedingungen den Zeitraum der Mindestdienstzeit verkürzen und zu einer vorgezogenen Unverfallbarkeit führen. Sofern es sich bei dieser Leistungsbedingung um eine marktunabhängige Bedingung handelt, ist der erwartete Erdienungszeitraum im Gewährungszeitpunkt zu schätzen. Dabei ist, anders als bei den Inputparametern des Opionspreismodells (vgl. Rn 75) nicht vom Erwartungswert, sondern von dem wahrscheinlichsten Szenario auszugehen (IFRS 2.15(b)). In den folgenden Abschlussperioden, ist die Schätzung zu überprüfen und ggf. anzupassen. Ist die Leistungsbedingung hingegen eine Marktbedingung ist der voraussichtliche Erdienungszeitraum zum Gewährungszeitraum zu schätzen und konsistent zum verwendeten Wert im Optionspreismodell anzusetzen. Spätere Schätzungsänderungen sind bei anteilsbasierten Vergütungen mit Ausgleich durch Eigenkapitalinstrumente nicht zu revidieren.

Beispiel:

Die X-AG gewährt ihren 50 Führungskräften am 1. Januar x1 je 100 Optionen. Der Optionsplan für die Führungskräfte der X-AG sieht vor, dass die Optionen nur ausgeübt werden können, wenn innerhalb der nächsten fünf Jahre eine kumulierte EBIT-Steigerung von 25% eingetreten ist und die Führungskräfte zu diesem Zeitpunkt noch in einem aktiven Anstellungsverhältnis stehen. Bei

---

61   Vgl. *Vater* Internationale Rechnungslegung, IFRS 2 Rn 186.

früherer Zielerreichung werden die Aktien bereits zu diesem Zeitpunkt unverfallbar. Der Markt-wert der Optionen beträgt 5€. Das Unternehmen geht zunächst davon aus, dass das Leistungsziel bereits in 4 Jahren erreicht wird und bis dahin 5 Führungskräfte das Unternehmen verlassen haben.

Da es sich bei dem EBIT-Ziel um eine marktunabhängige Leistungsbedingung handelt, ist der Auf-wand über den geschätzten Erdienungszeitraum zu verteilen.

Jahr 1: (50-5) x 100 Stck x 5€/Stck x 1/4 = 5.625 €

Zum Ende des ersten Jahres haben bereits 3 Führungskräfte das Unternehmen verlassen, so dass das Unternehmen nunmehr davon ausgeht, dass bis zum Ende des Erdienungszeitraums 4 weitere Führungskräfte das Unternehmen verlassen.

Jahr 2: (50-7) x 100 Stck x 5€/Stck x 2/4 = 10.750€ Aufwand: 10.750€ - 5.625€ = 5.125€

Bis Ende Jahr 3 beträgt die kumulierte EBIT-Steigerung nur 15%. Das Unternehmen geht nunmehr davon aus, dass das Leistungsziel erst nach fünf Jahren erreicht wird:

Jahr 3: (50-7) x 100 Stck x 5€/Stck x 3/5 = 12.900€ Aufwand: 12.900€-10.750€ = 2.150€

V. Besonderheiten der Bilanzierung bei Ausgleich durch Eigenkapitalinstrumente. 1. Gegen-buchung im Eigenkapital. Werden anteilsbasierte Vergütungen durch die Ausgabe von Eigenkapital-instrumenten ausgeglichen, ist korrespondierend zu den erfassten Aufwendungen bzw. angesetzten Ver-mögenswerten eine Erhöhung des Eigenkapitals vorzunehmen (IFRS 2.7). Der Standard legt aber nicht fest, in welcher **Komponente** des Eigenkapitals die Gegenbuchung zu erfassen ist. Eine solche Festlegung wäre angesichts der Vielzahl der unterschiedlichen länderspezifischen rechtlichen Rahmenbedingungen hinsichtlich der Aufteilung und Dotierung des Eigenkapitals nicht zielführend. Vor dem Hintergrund des deutschen Gesellschaftsrechts wird insbesondere die Dotierung in der Kapitalrücklage und in der Gewinnrücklage diskutiert.   101

Für die **Kapitalrücklage** spricht im Wesentlichen der Einlagecharakter anteilsbasierter Vergütungen. Problematisch ist in diesem Zusammenhang die fehlende Einlagefähigkeit von Dienstleistungen, so dass ein Gleichklang mit der gesellschaftsrechtlichen Kapitalrücklage insbesondere bei Mitarbeitertransaktio-nen nicht aufrecht erhalten werden kann (§ 27 Abs. 2 S.2 AktG).[62] Dem wird teilweise entgegen gehalten, bei der Ausgabe von Anteilen im Rahmen anteilsbasierter Vergütungen handele es sich nicht um eine (Dienstleistungs-)Einlage der potenziellen neuen Gesellschafter, sondern vielmehr um eine Einlage des Bezugsrechts der Altaktionäre.[63] Dem steht aber entgegen dass, sofern junge Aktien im Wege bedingten Kapitalerhöhung gem. §§ 192 Abs. 2 Nr. 2, 193 Abs. 2 Nr. 4 AktG ausgegeben werden, kein einlagefähiger Vermögenswert „Bezugsrecht" entsteht.[64]   102

Teilweise wird daher die Erfassung der Gegenbuchung in den **Gewinnrücklagen** vorgezogen.[65] Hier-zu ist kritisch anzumerken, dass die Zuführung gerade nicht aus thesaurierten Ergebnissen des Unter-nehmens stammt, sondern aus einer, wie auch immer gearteten, Zuführung von außen.   103

Insofern erscheint aus Transparenzgründen gem. IAS 1.55 die Einstellung in einen gesonderten Posten des Eigenkapitals mit entsprechender Bezeichnung, z.B. **Rücklage aus anteilsbasierten Ver-gütungen**, geboten.   104

Unabhängig davon, welcher der oben beschriebenen Methoden der Vorzug gegeben wird, ist bei einer tatsächlichen Ausübung der gewährten Optionsrechte, der dem Unternehmen zufließende Betrag nach den normalen Regeln auf das gezeichnete Kapital und die Kapitalrücklage aufzuteilen.[66]   105

---

62   Vgl. in Bezug auf die handelsrechtliche Bilanzierung *Ekkenga* DB 2004, 1897ff.
63   Vgl. *Pellens/Crasselt* DB 1998, 217ff.
64   Vgl. *Ekkenga* DB 2004, 1897ff.
65   Vgl. *Roß/Simons* Rechnungslegung nach IFRS, IFRS 2 Rn 51; *Hasenburg/Seidler*, Der Konzern 2005, 159ff.; *Rossmanith/Funk/ Alber*, WPg 2006, 664ff.
66   Vgl. *Lüdenbach* IFRS Kommentar, §20 Rn 74.

106   **2. Bilanzierung nach Eintritt der Unverfallbarkeit.** Mit Eintritt der Unverfallbarkeit der Optionen hat das Unternehmen die in Bezug auf die erhaltenen Güter bzw. Leistungen fällige Gegenleistung vollständig erbracht. **Verwirken** daher z.B. die Optionen auf Grund der Nichterfüllung einer Nicht-Ausübungsbedingung nach Ablauf des Erdienungszeitraums oder **Verfallen** die Optionen durch Nichtausübung sind keine Änderungen hinsichtlich des zuvor erfassten Aufwands vorzunehmen (IFRS 2.23). Die Verwirkung bzw. der Verfall der Option hat lediglich einen positiven Einfluss auf die Vermögenssphäre der bestehenden Gesellschafter, da die Verwässerung endgültig nicht eintritt. Die Nettovermögensposition des Unternehmens wird hierdurch nicht beeinflusst. Lediglich eine Umgliederung innerhalb des Eigenkapitals ist möglich, um einen ggf. gebildeten besonderen Rücklageposten (vgl. Rn 104) aufzulösen.

107   In gleicher Weise ist auch bei **Ausübung** der Option keine Aufwandskorrektur mehr vorzunehmen. Der mit der Ausübung erzielte Gewinn (Ausgabepreis niedriger als Zeitwert der Anteile) betrifft lediglich die Vermögenssphäre des Optionsberechtigten und nicht die der Gesellschaft. Im Falle der Ausübung ist aber i.d.R. eine Umgliederung des Eigenkapitals erforderlich, um den zuvor ggf. in einer gesonderten Rücklage erfassten Betrag auf das Stammkapital und die Kapitalrücklage aufzuteilen.

108   Werden die anteilsbasierten Vergütungen allerdings nach der Ausnahmeregelung zum inneren Wert bewertet (vgl. Rn 66), sind bis zur endgültigen Erfüllung durch Ausübung, Verfall oder Verwirkung Anpassungen des erfassten kumulierten Aufwands vorzunehmen. Die Methode führt im Ergebnis zu einem kumulierten Aufwand in Höhe des tatsächlichen Ausübungsgewinns des Optionsinhabers.

109   **3. Planänderungen.** Durch die relativ lange Laufzeit von Optionsplänen kann es während der Laufzeit u.U. notwendig werden, die Optionsbedingungen anzupassen, z.B. weil die anteilsbasierte Vergütung durch externe Einflussfaktoren an Anreizwirkung verloren hat. Denkbar ist in diesem Zusammenhang insbesondere die Absenkung bzw. Erhöhung des Ausübungspreises. Aber auch die notwendige Dienstzeit kann verlängert oder verkürzt werden, zusätzliche Leistungsbedingungen eingeführt, gestrichen oder abgeändert werden. Ebenso ist denkbar, dass der gesamte anteilsbasierte Vergütungsplan vollständig oder teilweise gekündigt wird oder durch einen neuen ersetzt oder einvernehmlich gegen eine Kompensationszahlung aufgehoben wird. Planmodifikationen, insbesondere die nachträgliche Herabsetzung von Erfolgszielen, sind in Deutschland wegen der Empfehlungen des Deutschen Corporate Governance Kodex eher die Ausnahme.[67]

110   Hinsichtlich der Bilanzierung ist zunächst zu unterscheiden, ob eine Planmodifikation oder eine Annullierung bzw. Aufhebung vorliegt, da sie zu unterschiedlichen bilanziellen Konsequenzen führen. Allerdings verzichtet der Standard auf eine allgemeingültige Definition zur Abgrenzung der verschiedenen Planänderungen. Obgleich rechtlich eindeutig, kann die wirtschaftliche Beurteilung, um welche Art der Planänderung es sich konkret handelt, durchaus unterschiedlich ausfallen. Eine **Planmodifikation** liegt nach allgemeinem Sprachgebrauch dann vor, wenn einzelne Planbedingungen modifiziert werden, ohne dass es sich dabei um einen gänzlich neuen Plan handelt. Eine Verschärfung der Ausübungsbedingungen dahingehend, dass die Erfüllung der Ausübungsbedingungen äußerst unwahrscheinlich wird, hat wirtschaftlich eher eine **Annullierung** als eine Planmodifikation zur Folge.[68] Bei der Annullierung eines bestehenden Plans und zeitgleicher Verabschiedung eines neuen Plans, kann es sich im Ergebnis um die Modifikation eines bestehenden Plans handeln. Auch hier schreibt IFRS 2 keine konkreten Abgrenzungskriterien vor, sondern schafft in IFRs 2.28(c) ein quasi faktisches Bilanzierungswahlrecht (vgl. Rn 123).

111   Die Bilanzierung von Planänderungen ist umfassend in IFRS 2.26-29 sowie IFRS 2.B42-44 geregelt. Sie gelten für sämtliche anteilsbasierte Vergütungen mit Ausgleich durch Eigenkapitalinstrumente, die zum beizulegenden Zeitwert der Eigenkapitalinstrumente bilanziert werden (vgl. Rn 57), unabhängig

---

67   Vgl. Deutscher Corporate Governance Codex, Rn 4.2.3.
68   Vgl. *Ernst & Young (Hrsg.)* International GAAP, 1880.

davon, ob es sich bei den Anspruchsberechtigten um Mitarbeiter handelt oder nicht (IFRS 2.26). Die Bilanzierung von Planänderungen bei anteilsbasierten Vergütungen, die zum beizulegenden Zeitwert der erhaltenen Güter oder Leistungen bilanziert werden, ist nicht explizit geregelt. Da im Zeitpunkt der Gewährung die Ausgeglichenheit von Leistung und Gegenleistung unterstellt werden muss, ist bei einer Planänderung zu prüfen, ob zusätzliche Güter und Leistungen empfangen wurden bzw. begründete Zweifel an der Werthaltigkeit der empfangenen Güter eingetreten sind. Ggf. sind die Vorschriften über nicht identifizierbare Güter und Leistungen anzuwenden (vgl. Rn 60), wobei die IFRS 2.26-29 dann insoweit anzuwenden sind.

a) **Planmodifikation.** Bei einer Planmodifikation ist gem. IFRS 2.26-27 grundsätzlich eine **Neubewertung** des beizulegenden Zeitwerts der anteilsbasierten Vergütung im Zeitpunkt der Planmodifikation sowohl des bisherigen, als auch des modifizierten Vergütungsplans notwendig. Sofern die Modifikation zu einer Zunahme des beizulegenden Zeitwertes führt, ist die Zeitwertdifferenz als zusätzlicher Aufwand vom Tag der Modifikation über den ggf. neu festgesetzten Erdienungszeitraum zu berücksichtigen (IFRS 2.27, B43(a)). Der bisherige Plan wird weiterhin mit dessen beizulegenden Zeitwert am ursprünglichen Gewährungszeitraum erfasst und über den originären Erdienungszeitraum verteilt. Ursprünglicher und modifizierter Plan werden im Ergebnis als zwei separate Vergütungspläne behandelt.[69] Planmodifikationen nach Ablauf des Erdienungszeitraums, die zu einer Erhöhung des beizulegenden Zeitwertes führen, sind sofort aufwandswirksam zu erfassen (IFRS 2.B43(a)). **112**

Führen die Planänderungen zu einer Verringerung des beizulegenden Zeitwertes der anteilsbasierten Vergütung, sind unverändert die Aufwendungen aus dem ursprünglichen, unmodifizierten Vergütungsplan anzusetzen (IFRS 2.27, B42). Begründet wird diese Regelung mit den grundlegenden Prämissen der modifizierten Gewährungszeitpunktmethode: der beizulegende Zeitwert der ausgegebenen Eigenkapitalinstrumente stellt ein Surrogat für die nicht separat zu bewertenden empfangenen Leistungen dar. Daher ist mindestens ein Aufwand in Höhe des beizulegenden Zeitwerts der anteilsbasierten Vergütungen im Gewährungszeitpunkt anzusetzen. Andernfalls bestünde die Möglichkeit durch Modifizierung z.B. einer aus-dem-Geld liegenden Option die Aufwandserfassung zu verringern bzw. zu vermeiden (IFRS 2.BC237). **113**

Beispiel:

Unternehmen A gewährt seinen Führungskräften Optionsrechte zum Bezug von Aktien mit einem Ausübungskurs von € 30. Der aktuelle Kurs im Gewährungszeitunkt beträgt € 20. Der beizulegende Zeitwert der Optionen mit einer dreijährigen Dienstbedingung beträgt € 10. Nach Ablauf des ersten Jahres sinkt der Aktienkurs auf € 10. Das Unternehmen geht nicht davon aus, dass sich der Kurs bis zum Ende des Jahres 3 signifikant erholt.

In diesem Beispiel sind die Optionsrechte für die Führungskräfte wertlos geworden und eine Ausübung ist nicht sinnvoll. Trotzdem muss das Unternehmen einen entsprechenden Personalaufwand bis zum Ende des Erdienungszeitraums erfassen. Ohne die Minimum-Regelung des IFRS 2.27 könnte das Unternehmen durch eine Erhöhung des Ausübungsübungspreises den zu erfassenden Aufwand vermindern oder gar vermeiden.

Bei dem Vergleich der beizulegenden Zeitwerte am Modifikationsstichtag ist die gesamte anteilsbasierte Vergütung in die Betrachtung einzubeziehen, d.h. Modifikationen der Anzahl gewährter Optionen stehen reinen Zeitwertänderungen gleich (IFRS 2.B42(b)). Diesen Umstand können sich Unternehmen gestalterisch zu Nutze machen, wenn wertlos gewordene Optionen durch Absenkung des Ausübungspreises angepasst werden. Durch gleichzeitige Verringerung der Zahl der gewährten Optionen kann ein Zusatzaufwand u.U. vermieden werden (so genannte give-and-take modification).[70] **114**

---

69 Vgl. *Vater* Interntionales Bilanzrecht, IFRS 2 Rn 294.
70 Mit Zahlenbeispiel vgl. *Ohlund/Gwerder* Schweizer Treuhänder 2009, 830ff.; zur Zulässigkeit der Saldierung vgl. *KPMG (Hrsg.)* Insights, 1045.

115 Die **Modifizierung nicht marktabhängiger Leistungsbedingungen** wirkt sich nicht auf den beizulegenden Zeitwert der anteilsbasierten Vergütung aus, da sie im Rahmen der modifizierten Gewährungszeitpunktmethode nicht in die Bewertung der Eigenkapitalinstrumente eingehen (vgl. Rn 90). Werden daher im Rahmen einer Planmodifikation die Ziele nicht marktabhängiger Leistungsbedingungen heruntergesetzt, weil sie bspw. wegen externer Einflüsse unerreichbar geworden sind und somit keine Motivationswirkung mehr entfalten, sind diese verringerten Leistungsbedingungen bei der Schätzung der unverfallbar werdenden Eigenkapitalinstrumente zu berücksichtigen (IFRS 2.B43(c)). Insofern kommt es ggf. zu zusätzlichen Aufwendungen durch eine größere Anzahl unverfallbar werdender Instrumente. Eine Verschärfung nicht marktabhängiger Leistungsbedingungen hat hingegen keine Anpassungen zur Folge und der Vergütungsplan ist auf Basis der ursprünglichen Bedingungen fortzuführen. Bei der Schätzung der unverfallbar werdenden Instrumente sind dem entsprechend die ursprünglichen Leistungsbedingungen zugrunde zu legen (was-wäre-wenn).

116 Etwas Vergleichbares gilt im Prinzip für **Modifikationen des Erdienungszeitraums**. Bei einer möglichen **Verlängerung** des Erdienungszeitraums ist der ursprüngliche Plan über den ursprünglichen Erdienungszeitraum fortzuführen (IFRS 2.B44(c)). Bei der Schätzung der unverfallbar werdenden Eigenkapitalinstrumente ist vom ursprünglichen Erdienungszeitraum auszugehen. Schätzungsänderungen nach Ablauf des ursprünglichen und innerhalb des verlängerten Erdienungszeitraums führen dann nicht mehr zu Anpassungen der erfassten Aufwendungen, d.h. im Ergebnis werden Aufwendungen für nicht unverfallbar gewordene Instrumente erfasst.[71] Gleichzeitig ist zu beachten, dass Verlängerungen des Erdienungszeitraums zu einer Erhöhung des Zeitwerts der Option im Modifizierungszeitpunkt führen können. Dieser zusätzliche beizulegende Zeitwert ist als eigenständiger Plan nach den Regelungen des IFRS 2.27 und IFRS2.B43 zu bilanzieren und über den verlängerten Erdienungszeitraum ab dem Tag der Modifikation zu verteilen.[72]

117 Eine **Verkürzung** des Erdienungszeitraums führt hingegen in der Regel zu einer Verringerung des beizulegenden Zeitwerts, der nach IFRS 2.27 nicht zu berücksichtigen ist. Allerdings ist der verkürzte Erdienungszeitraum wegen der damit verbundenen geringerer Leistungsverpflichtung vorteilhaft für die Berechtigten. Dieser Vorteil ist bei der Schätzung der unverfallbar werdenden Eigenkapitalinstrumente zu berücksichtigen (IFRS 2.B43(c)) und führt u.U. zu einer höheren Zahl voraussichtlich unverfallbar werdender Instrumente. Der so neu geschätzte Gesamtaufwand ist dann über den verkürzten Erdienungszeitraum zu verteilen.[73]

118 **b) Annullierung und Abwicklung mit Abfindung.** Werden anteilsbasierte Vergütungen vorzeitig, d.h. vor Ende der Laufzeit, innerhalb des Erdienungszeitraums **annulliert**, können Leistungen im Zusammenhang mit der anteilsbasierten Vergütung von den Mitarbeitern bzw. den externen Dienstleistern nicht mehr erbracht werden. Bilanziell unterstellt IFRS 2.28(a) den vorzeitigen Eintritt der Unverfallbarkeit der gewährten Eigenkapitalinstrumente. In Folge dessen ist der gesamte bisher nicht erfasste Aufwand aus der anteilsbasierten Vergütung im Zeitpunkt der Annullierung zu erfassen. Aus Sicht des IASB folgt diese Vorgehensweise konsequent aus der Umsetzung der modifizierten Gewährungszeitpunktmethode, nach der ein Aufwand in Höhe des beizulegenden Zeitwerts der gewährten Eigenkapitalinstrumente im Gewährungszeitpunkt über den Erdienungszeitraum zu erfassen ist, es sei denn, die Dienst- oder marktunabhängigen Leistungsbedingungen werden nicht erfüllt. Würde auf eine volle Aufwandsverrechnung verzichtet, könnte bspw. bei auf Grund gefallener Aktienkursen wertlos gewordenen Optionen, durch eine Annullierung die Erfassung weiterer Aufwendungen vermieden werden und so im Falle sinkender Kurse eine Art *service date measurement* erreicht werden (IFRS 2.BC232).

---

71 Vgl. *PwC (Hrsg.)* IFRS Manual, 12058.
72 Vgl. *Roß/Simons* Rechnungslegung nach IFRS, IFRS 2 Rn 174.
73 Vgl. *KPMG (Hrg.)* Insights, 1044.

Im Ergebnis ist in Folge dessen der kumulierte Aufwand bei einer Annullierung im Wesentlichen gleich wie bei der Nichtausübung durch den Optionsberechtigten. Allerdings wird bei der Nichtausübung der Aufwand über den gesamten Erdienungszeitraum gestreckt und im Falle der Annullierung sofort erfasst. Fraglich ist in diesem Zusammenhang aber, wie das Mengengerüst im Falle der Annullierung anzusetzen ist, nämlich entsprechend (1) der Anzahl der im Zeitpunkt der Annullierung ausstehenden Eigenkapitalinstrumente oder (2) der Schätzung der Anzahl der bis zum Ablauf des ursprünglichen Erdienungszeitraums unverfallbar werdenden Eigenkapitalinstrumente. Der Wortlaut des IFRS 2.28(a) ist in dieser Hinsicht widersprüchlich: während der erste Halbsatz eher für die erste Interpretation spricht, scheint der 2. Halbsatz die zweite Möglichkeit zu stützen. In der Literatur werden sowohl Interpretation (1)[74] und Interpretation (2)[75] als auch ein Bilanzierungswahlrecht für vertretbar gehalten.[76]   **119**

Ganz erheblich unterscheiden sich die bilanziellen Konsequenzen jedoch im Vergleich zu einer Verwirkung, d.h. der Nichterfüllung der Dienst- oder marktunabhängigen Leistungsbedingungen. Während die Annullierung keinen Einfluss auf die Höhe, sondern lediglich auf die zeitliche Abgrenzung des zu verrechnenden Aufwand hat, werden für verwirkte Eigenkapitalinstrumente im Ergebnis keine Aufwendungen erfasst (vgl. Rn 90). Bereits in Vorperioden erfasste Aufwendungen für verwirkte Eigenkapitalinstrumente sind im Falle der Verwirkung ertragswirksam zu stornieren. Die Abgrenzung dieser beiden Tatbestände ist daher von großer materieller Bedeutung, wobei der Standard selbst keinerlei weiteren Hinweise dazu gibt. So ist z.B. nicht klar, ob im Rahmen von betrieblichen Kündigungen durch den Arbeitgeber von einer Annullierung oder einer Verwirkung auszugehen ist. Zum einen spricht für eine Verwirkung, dass die mit der Gewährung vereinbarten Leistungen vom Unternehmen nicht mehr empfangen werden können. Andererseits sind insbesondere durch das Unternehmen veranlasste Kündigungen in größerer Zahl wirtschaftlich eher mit einer Annullierung zu vergleichen. Darauf deutet auch hin, dass betriebliche Kündigungen häufig auch mit Kompensationszahlungen verbunden sind, auch wenn diese nicht explizit einzelnen Vergütungsbestandteilen zuzuordnen sind. In der Literatur wird in diesem Zusammenhang ein Bilanzierungswahlrecht für zulässig erachtet.[77]   **120**

Werden im Zusammenhang mit der Annullierung eines Plans **Abfindungszahlungen (Abwicklung)** geleistet, ist diese wie ein Rückerwerb der gewährten Eigenkapitalinstrumente zu bilanzieren. Anders als nach den Regeln des IAS 32 für einen gewöhnlichen Rückerwerb von Eigenkapitalinstrumenten (vgl. die Ausführung zu IAS 32 in diesem Band) sind im Falle des „Rückerwerbs" von Optionen, die im Zusammenhang mit anteilsbasierten Vergütungen gewährt wurden, nicht die gesamten „Anschaffungskosten" vom Eigenkapital abzuziehen, sondern nur soweit sie dem beizulegenden Zeitwert der ausstehenden Optionen im Abwicklungszeitpunkt entsprechen. Ein übersteigender Betrag ist im Zeitpunkt der Abwicklung als Aufwand zu erfassen. Zusätzlich ist die Planannullierung nach den oben genannten Grundsätzen (vgl. Rn 118ff.) zu berücksichtigen, d.h. die vollständige Erfassung des noch ausstehenden Aufwands aus dem abgewickelten Plan zum Abwicklungszeitpunkt. Der durch die Abwicklung insgesamt entstehende Aufwand steht daher nur indirekt in einem Zusammenhang mit der hierfür geleisteten Kompensationszahlung und kann diese deutlich übertreffen.   **121**

Eine Planmodifikation, wie z.B. die Herabsetzung des Ausübungspreises, kann formalrechtlich auch durch Kündigung (Annullierung) des bestehenden und gleichzeitige Verabschiedung eines neuen Plans mit herabgesetzten Ausübungspreis erreicht werden. Die konkrete Ausgestaltung hängt häufig von rechtlichen und steuerlichen Erwägungen ab, wobei das wirtschaftliche Ergebnis der beiden Durchführungswege letztlich identisch ist. Hinsichtlich der bilanziellen Konsequenzen unterscheiden sich die beiden Durchführungswege aber beträchtlich. Während bei einer Planmodifikation der ursprüngliche Plan un-   **122**

---

74 Vgl. *PwC (Hrsg.)* IFRS Manual, 12064.
75 Vgl. *Lüdenbach* Haufe-Kommentar, §23 Rn 114.
76 Vgl. *Ernst & Young (Hrsg.)* International GAAP, 1881.
77 Vgl. *KPMG (Hrsg.)* Insights, 1022; *Ernst & Young (Hrsg.)* International GAAP, 1879.

verändert fortzuführen und die aus der Modifikation resultierende Zunahme des Zeitwerts auf die ggf. neu geschätzte Erdienungszeit zu verteilen ist (vgl. Rn 112ff.), wird bei der Annullierung grds. die vorzeitige Unverfallbarkeit unterstellt und der neue Plan ist vollständig zu seinem beizulegenden Zeitwert im Gewährungszeitpunkt des neuen Plans über den Erdienungszeitraum zu verteilen.

123   Da aber wirtschaftlich gleichwertige Transaktionen nach dem *substance-over-form* Grundsatz nicht zu unterschiedlichen bilanziellen Konsequenzen führen sollen, erlaubt IFRS 2.28(c) „die als Ersatz gewährten Eigenkapitalinstrumente" wie bei einer Planmodifikation zu bilanzieren, d.h. sie nur mit einer ggf. positiven Zeitwertdifferenz anzusetzen. Die Klassifizierung einer Annullierung mit neuem Plan als Planmodifikation hängt davon ab, ob das Unternehmen im Gewährungszeitpunkt der neuen anteilsbasierten Vergütungen erklärt, dass es sich bei dem neuen Plan um einen **Ersatzplan** (*replacement award*) handelt. Unabhängig davon, muss aber zusätzlich ein gewisser objektiver Zusammenhang zwischen altem und neuen Plan bestehen, insbesondere hinsichtlich des Kreises der Berechtigten.[78] Damit schafft das IASB ein faktisches Bilanzierungswahlrecht, da die Klassifizierung allein auf der Absicht des Managements im Zeitpunkt der Gewährung des Ersatzplans beruht. Damit soll wohl eine opportunistische nachträgliche Klassifizierung auf Basis weicher Kriterien vermieden werden.[79]

124   Umstritten ist in diesem Zusammenhang allerdings die Reichweite der Regelung, d.h. ob die Transaktion einschließlich des bisherigen Plans als Planmodifikation zu bilanzieren ist oder sie sich lediglich auf die neu gewährten Eigenkapitalinstrumente bezieht. Während die Begründung in IFRS 2.BC233 eher für die erste Interpretation spricht, legt der Wortlaut und die Stellung der Regelung eher die zweite Auslegung nahe. Wegen des unklaren Wortlaut wird in der Literatur teilweise ein Bilanzierungswahlrecht für zulässig erachtet,[80] mehrheitlich aber die erste Interpretation gestützt.[81] Folgendes Beispiel verdeutlicht den Unterschied.

Beispiel:

Im Jahr x1 gewährt die X-AG ihren 100 Führungskräften je 100 Optionen. Einzige Bedingung ist eine vierjährige Dienstbedingung. der Zeitwert beträgt im Gewährungszeitpunkt €10 je Option. Das Unternehmen geht davon aus, dass sämtliche Optionen unverfallbar werden.

Während des Jahres x2 sinkt der Aktienkurs der X-AG auf Grund allgemeiner Marktbedingungen und die Optionen gehen dadurch weit aus dem Geld. Ende des Jahres x2 entschließt sich die X-AG zu einer Annullierung des bestehenden Plans und der Gewährung eines Ersatzplans mit deutlich vermindertem Ausübungspreis. Der Ersatzplan hat ebenfalls eine vierjährige Dienstbedingung. Im Zeitpunkt der Annullierung und Neugewährung beträgt der Zeitwert des bisherigen Plans € 2 und des neuen Plans €5.

Interpretation 1:

Die Bilanzierung der gesamten Transaktion als Planmodifikation würde dazu führen, dass der alte Plan über die Jahre x3 und x4 unverändert fortzuführen wäre und ein Aufwand von 100 Mitarbeiter x 100 Stck x 10€/Stck x 1/4 = € 25.000 jährlich zu erfassen wäre. Darüber hinaus ist für den Zeitraum x3 bis x7 ein jährlicher Aufwand aus dem Ersatzplan in Höhe von 100 Mitarbeiter x 100 Stck. x (€5 - €2) x 1/4 = €7.500 jährlich zu erfassen.

Interpretation 2:

Durch die Annullierung des bisherigen Plans ist im Jahr x2 der noch nicht erfasste Aufwand vollständig zu erfassen:

---

78   Vgl. *Ernst & Young (Hrsg.)* International GAAP, 1882.
79   Vgl. *Ernst & Young (Hrsg.)* International GAAP, 1883.
80   Vgl. *Ernst & Young (Hrsg.)* International GAAP, 1885; *Roß/Simons* Rechnungslegung nach IFRS, IFRS 2 Rn 182.
81   Vgl. *KPMG (Hrsg.)* Insights, 1048; *Freiberg/Lüdenbach* Haufe-Kommentar, §23 Rn 113; *PwC (Hrsg.)* IFRS Manual, 12054.

100 Mitarbeiter x 100 Stck. x 10€/Stck. x 2/4 = €50.000

Ab dem Jahr x3 ist der Aufwand aus der Gewährung der neuen Optionen in Höhe der Zeitwert-differenz zu erfassen, d.h. €7.500 pro Jahr.

Eine besondere Form von Ersatzplänen tritt im Zusammenhang mit **Unternehmenserwerben** auf, wenn der Erwerber verpflichtet ist, den anteilsbasierten Vergütungsplan des erworbenen Unternehmens zu ersetzen. Die Bilanzierung dieser Sonderform ist in IFRS 3.52(b), IFRS 3.B56-62 geregelt. Im Einzelnen dazu vgl. die Ausführung zu IFRS 3 in diesem Band.   125

Wie eine Annullierung zu bilanzieren ist die **Nichterfüllung von Nicht-Ausübungsbedingungen**, wenn die Erfüllung oder Nichterfüllung im Ermessen des Unternehmens oder des Berechtigten steht (IFRS 2.28A). Diese Regelung, die im Rahmen des Amendment *Vesting Conditions and Cancellations* im Juli 2008 in den Standard aufgenommen wurde, resultiert insbesondere aus der Problematik so genannter *save-as-you-earn* Pläne, bei denen die Arbeitnehmer neben einer Dienstbedingung und ggf. weiteren Leistungsbedingungen über die Laufzeit der Option einen bestimmten Betrag auf ein Sparkonto einzahlen müssen. Das IASB sah sich außerstande in diesen und ähnlich gelagerten Fällen trennscharfe Kriterien für eine Unterscheidung zwischen der Entscheidung der Vertragsparteien, diese Nicht-Ausübungsbedingungen nicht zu erfüllen und einer Annullierung der anteilsbasierten Vergütung zu entwickeln (IFRS 2.BC237A). In Folge dessen führt die Nicht-Erfüllung beeinflussbarer Nicht-Ausübungsbedingung, die grundsätzlich bei der Zeitwertermittlung der Eigenkapitalinstrumente einzubeziehen sind (vgl. Rn 84), zu einer sofortigen Erfassung des noch nicht verteilten Aufwands.   126

VI. Vergütungssysteme mit Barausgleich. 1. Ansatz einer Schuld. Obwohl in ihrer wirtschaftlichen Anreizwirkung aus Sicht der Berechtigten recht ähnlich unterscheiden sich virtuelle von realen Eigenkapitalinstrumenten aus Sicht des Unternehmens in einem entscheidenden Punkt: anders als reale führen virtuelle Eigenkapitalinstrumente zum Abfluss flüssiger Mittel bzw. sonstiger Vermögenswerte. Anteilsbasierte Vergütung mit Barausgleich begründen daher eine **Verpflichtung** des Unternehmens und führen somit zum Ansatz einer Schuld (IFRS 2.30). Obwohl in der Praxis nahezu ausnahmslos auf Mitarbeiter beschränkt, sind die Vorschriften für virtuelle Eigenkapitalinstrumente grundsätzlich auch auf externe Dienstleister anzuwenden.   127

Die Schuld ist zu dem **Zeitpunkt** anzusetzen, zu dem das Unternehmen die entsprechenden Güter und Leistungen erhält. Wie bei realen Eigenkapitalinstrumenten (vgl. Rn 96), ist auch bei virtuellen Eigenkapitalinstrumenten, die zur Abgeltung einer Leistung gewährt werden und sofort ausübbar sind, ohne weitere substanzielle Hinweise davon auszugehen, dass die entsprechende Leistung durch den Mitarbeiter bzw. den Dienstleister erbracht wurde. Das Unternehmen hat daher in diesen Fällen die erhaltene Leistung und die daraus entstehende Schuld sofort zu erfassen (IFRS 2.32).   128

Ist die Ausgabe der virtuellen Eigenkapitalinstrumente an bestimmte Ausübungsbedingungen geknüpft, wie. z.B. die Ableistung einer Mindestdienstzeit, ist eine Rückstellung für den Erfüllungsrückstand anzusetzen, d.h. der entsprechende Aufwand ist über den Erdienungszeitraum zu verteilen. Zwar entsteht bis zur Erfüllung sämtlicher Ausübungsbedingungen keine rechtliche Verpflichtung, sondern lediglich eine Eventualverpflichtung. Gleichwohl liegt aus Sicht des IASB bereits während der Erdienungsphase eine bilanzrechtliche Verpflichtung vor, da sich während der Erdienungsphase die Rechtsstellung des Bezugsberechtigten kontinuierlich verbessert (IFRS 2.BC244).   129

Güter und Dienstleistungen, die im Rahmen von anteilsbasierten Vergütungen mit Barausgleich bezogen werden, sind ausschließlich **indirekt**, d.h. mit dem Zeitwert der Leistungsschuld des Unternehmens zu bewerten (IFRS 2.30).[82] Zwar besteht die Zahlungsverpflichtung im Ausübungszeitpunkt letztlich in Höhe des inneren Wertes der virtuellen Optionen. Eine Bewertung zum inneren Wert hätte   130

---

82   Vgl. *Hasenburg/Seidler* Der Konzern 2005, 159ff.

B

IFRS 2

Share-based Payment

aber zur Folge, dass die im Gegenzug erhaltenen Güter nicht in Höhe des Zeitwerts angesetzt würden. Bei Leistungen, die eine Aufwandsverteilung über den Erdienungszeitraum erfordern, würde eine Bewertung der Schuld zum inneren Wert, steigende Aktienkurse unterstellt, zu einer progressiven Aufwandsbelastung späterer Berichtsperioden führen, da neben der Zunahme der Schuld durch den Erfüllungsrückstand auch die Zunahme des inneren Wertes zu berücksichtigen wäre. Daher stellt aus Sicht des IASB die Bewertung der Schuld zum beizulegenden Zeitwert den zutreffenderen Bewertungsmaßstab dar (IFRS 2.BC246). Für die Ermittlung des beizulegenden Zeitwertes der Schuld und die Berücksichtigung von Dienst- und Leistungsbedingungen sowie von Nicht-Ausübungsbedingungen, gelten die gleichen Grundsätze wie bei realen Eigenkapitalinstrumenten (vgl. Rn 74ff.).

131   Damit unterliegen virtuelle Eigenkapitalinstrumente den gleichen Bewertungsunsicherheiten, wie reale Eigenkapitalinstrumente. Allerdings sieht der Standard bei anteilsbasierten Vergütungen mit Barausgleich, anders als bei anteilsbasierten Vergütungen mit Ausgleich durch Eigenkapitalinstrumente, weder die Möglichkeit einer direkten Bewertung noch einer vereinfachten Bewertung zum inneren Wert vor. Offensichtlich sah das IASB wegen der Verpflichtung zur regelmäßigen Neubewertung der Schuld und der kontinuierlichen Annäherung des beizulegenden Zeitwerts an den inneren Wert der Option, keinen Bedarf für einen ggf. zuverlässigeren Bewertungsmaßstab im Gewährungszeitpunkt noch für eine Vereinfachungsregel. M.E. kann aber in vergleichbaren Konstellationen, die eine Bewertung von realen Eigenkapitalinstrumenten zum inneren Wert erlauben würden, auch bei anteilsbasierten Vergütungen mit Barausgleich im Wege der Analogie auf das vereinfachte Bewertungsverfahren zurückgegriffen werden.

132   Die Schuld ist erstmalig zum Gewährungszeitpunkt und dann fortlaufend zu jedem Abschlussstichtag und am Tag der Erfüllung **neu zu bewerten** (IFRS 2.30, 2.33). Wertänderungen sind unmittelbar in der Gewinn- und Verlustrechnung zu erfassen, d.h. der Wertansatz der als Gegenleistung erhaltenen Vermögenswerte bleibt von den Zeitwertänderungen unbeeinflusst. Nicht geregelt ist allerdings, ob bei Leistungen die Zeitwertänderungen in einem gesonderten Aufwandsposten und damit getrennt von dem Aufwand auf Basis des Zeitwertes im Gewährungszeitpunkt gesondert dazustellen sind. Dadurch wäre eine bessere Vergleichbarkeit mit eigenkapitalgedeckten Vergütungssystemen gewährleistet. ED 2 hatte noch eine getrennte Angabe zumindest im Anhang gefordert. Im endgültigen Standard wurde dieses Erfordernis aber aus Komplexitätsgründen nicht umgesetzt (IFRS 2.BC255), so dass ein gesonderter Ausweis nicht erforderlich ist. Bei der Neubewertung sind sämtliche Bewertungsparameter des verwendeten Optionspreismodells neu zu schätzen und an die Stichtagsverhältnisse anzupassen. Dies gilt auch für sämtliche Ausübungsbedingungen, die über den beizulegenden Zeitwert zu berücksichtigen sind. Damit führen anteilsbasierte Vergütungen mit Barausgleich bei Verfehlen von Marktbedingungen insgesamt nicht zu einem Aufwand. Hierin unterscheiden sie sich ganz wesentlich von anteilsbasierten Vergütungen mit Ausgleich durch Eigenkapitalinstrumente, bei denen das Nichterreichen von Marktbedingungen keinen Einfluss auf die Höhe des kumulierten Aufwands hat.

Beispiel:

Die X-AG gewährt zu Beginn des Jahres x1 ihren 50 Führungskräften je 100 Wertsteigerungsrechte. Die Wertsteigerungsrechte sind nach vier Jahren ausübbar. Einzige Bedingung ist, dass im Zeitpunkt der Ausübung noch ein aktives Dienstverhältnis besteht. Der mit Hilfe von Optionspreisverfahren bestimmte Zeitwert beträgt zum Ende des Jahres x1 €5, Ende x2 €8, Ende x3 €6. Der innere Wert im Ausübungszeitpunkt sei €4.

Das Unternehmen geht zunächst davon aus, dass 3 Führungskräfte das Unternehmen innerhalb der Sperrfrist verlassen.

Der zu erfassende Aufwand für x1 ergibt sich demnach zu:

66

Köster

50-3 x 100 Stck. x 5 €/Stck. x 1/4 = 5.875 €

Bis Ende x2 haben bereits 2 Führungskräfte das Unternehmen verlassen. Die X-AG geht davon aus, dass innerhalb der nächsten 2 Jahre 3 weitere Führungskräfte das Unternehmen verlassen.

Für x2 beträgt der zu erfassende Aufwand:

kumuliert: 50-5 x 100 Stck. x 8 €/Stück x 2/4 = 18.000 €

erfolgswirksam in x2: 18.000 € - 5.875 € = 12.125

Die Abnahme des Mengengerüsts hat zunächst zu einer Aufwandsminderung von 2 x 100 Stck. x 5 €/Stck x 2/4 = 500 € auf kumulierter Basis geführt. Die Zunahme des Zeitwertes jedoch hat die kumulierten Aufwendungen um 45 x 100 Stck. x 3€/Stck x 2/4 = 6.750€ steigen lassen. Insgesamt hat sich der kumulierte Aufwand im Vergleich zu x1 daher um € 6.250 erhöht.

In x3 haben keine weiteren Führungskräfte das Unternehmen verlassen. Die X-AG hält unverändert an der Schätzung der ausübbar werdenden Wertsteigerungsrechte fest.

45 x 100 Stck. x 6 €/Stck. x 3/4 = 20.250 €

erfolgswirksam: 20.250 € - 18.000 € = 2.250 €

Bis Ende x4 haben insgesamt 8 Führungskräfte das Unternehmen verlassen. Der kumulierte zu erfassende Aufwand ergibt sich demnach zu:

42 x 100 x 4€/Stck = 16.800

In x4 hat das Unternehmen daher einen Ertrag in Höhe von € 3.450 zu erfassen

2. Weitere Besonderheiten. Außer dem Verweis auf Dienstbedingungen, enthält der Standardab-   **133**
schnitt zu den anteilsbasierten Vergütungen mit Barausgleich keine weiteren Einzelheiten bezüglich der Berücksichtigung von **Ausübungs- und Nicht-Ausübungsbedingungen**. Aus der expliziten Analogie hinsichtlich der Dienstbedingungen wird allerdings ersichtlich, dass wohl auch bei den anteilsbasierten Vergütungen mit Barausgleich die vollständige Anwendung der modifizierten Gewährungszeitpunkt-methode gewollt war.[83] Folgerichtig sind m.E. auch bei anteilsbasierten Vergütungen mit Barausgleich die marktbezogenen Leistungsbedingungen sowie sämtliche Nicht-Ausübungsbedingungen bei der Er-mittlung des beizulegenden Zeitwertes und damit auch fortlaufend bei jeder Neubewertung zu berück-sichtigen. Sämtliche leistungs- und nicht marktbezogenen Ausübungsbedingungen sind indes bei der Ermittlung des Mengengerüstes zu berücksichtigen. Allerdings verliert die Unterscheidung zwischen Bedingungen, die bei der Ermittlung des Mengengerüstes und solchen, die bei der Ermittlung des bei-zulegenden Zeitwertes zu berücksichtigen sind etwas an Gewicht. Wegen der fortlaufenden Neubewer-tung haben sie keinen Einfluss auf die insgesamt über den Erdienungszeitraum zu erfassenden Auf-wendungen sondern lediglich auf die periodische Verteilung der Aufwendungen.[84]

Die fortlaufende Neubewertung macht detaillierte Bestimmungen hinsichtlich der Bilanzierung von   **134**
Planänderungen entbehrlich. Führen Modifikationen zu einer Änderung des beizulegenden Zeitwertes der Verbindlichkeit sind diese in Höhe des erdienten Anteils am Modifikationsstichtag erfolgswirksam zu erfassen. Die Annullierung einer anteilsbasierten Vergütung mit Barausgleich führt zum Wegfall der Verpflichtung mit der Folge, dass die entsprechende Schuld ertragswirksam aufzulösen ist. Erfolg die Annullierung gegen Abfindungszahlungen ist ein daraus resultierender Gewinn oder Verlust ebenfalls in der entsprechenden Periode im Periodenergebnis zu erfassen. Bei einer Annullierung eines Vergütungs-plans und gleichzeitiger Verabschiedung eines neuen Plans, dürfte eine Saldierung der entsprechenden Aufwendungen und Erträge geboten sein, wenn die Voraussetzungen für einen Ersatzplan i.S.d. IFRS 2.28(c) gegeben sind (vgl. Rn 122). So wäre auch für anteilsbasierte Vergütungen mit Barausgleich si-

---

83 Gl.A. *Ernst & Young (Hrsg.)* International GAAP, 1925.
84 Vgl. *Lüdenbach/Freiberg* PiR 2008, 107ff.

chergestellt, dass die Verabschiedung eines Ersatzplans die gleichen bilanziellen Auswirkungen wie eine Planmodifikation hätte.

135 **VII. Vergütungssysteme mit Erfüllungswahlrecht.** Gelegentlich werden anteilsbasierte Vergütungen mit einem **Erfüllungswahlrecht** versehen, d.h. der Bezugsberechtigte, das Unternehmen oder beide können wählen, ob die Erfüllung in Eigenkapitalinstrumenten oder in bar (bzw. in Form anderer Vermögenswerte) erfolgen soll. Für die bilanzielle Behandlung ist zunächst zu unterscheiden, wem das Erfüllungswahlrecht zusteht. Danach richtet sich, ob die anteilsbasierte Vergütung ein zusammengesetztes Finanzinstrument darstellt und dem entsprechend eine Schuld- und eine Eigenkapitalkomponente nach den Vorschriften über anteilsbasierte Vergütungen mit Barausgleich bzw. mit Ausgleich durch Eigenkapitalinstrumente zu bilanzieren ist (IFRS 2.34).

136 **1. Wahlrecht beim Bezugsberechtigten.** Sofern dem Bezugsberechtigten das Erfüllungswahlrecht zusteht, hat das Unternehmen ein zusammengesetztes Finanzinstrument gewährt, ähnlich der Ausgabe Wandelanleihe. Die Schuldkomponente ist als anteilsbasierte Vergütung mit Barausgleich und die Eigenkapitalkomponente als anteilsbasierte Vergütung mit Ausgleich durch Eigenkapitalinstrumente zu bilanzieren (IFRS 2.35).

137 Bei **direkt zu bewertenden Transaktionen** ist der beizulegende Zeitwert der Eigenkapitalkomponente im Gewährungszeitpunkt als Differenz zwischen dem beizulegenden Zeitwert der erhaltenen Güter und Leistungen und dem beizulegenden Zeitwert der Schuldkomponente zu ermitteln (IFRS 2.25). Bezüglich der Schuldkomponente bleibt es damit auch bei zusammengesetzten Finanzinstrumenten bei der indirekten Bewertung.

138 Für **indirekt zu bewertende Transaktionen**, insbesondere solchen mit Mitarbeitern (vgl. Rn 58ff.) ist der beizulegende Zeitwert des zusammengesetzten Instruments als Summe der beiden Einzelkomponenten zu bestimmen (IFRS 2.36). Dabei ist zunächst der beizulegende Zeitwert der Schuldkomponente und im Anschluss daran der beizulegende Zeitwert der Eigenkapitalkomponente zu ermitteln. Bei der Bewertung der Eigenkapitalkomponente ist zu berücksichtigen, dass das Recht auf Barausgleich aufgegeben werden muss, um in den Genuss der Eigenkapitalinstrumente zu kommen. Sind die beiden Komponenten gleich ausgestaltet, ist der Zeitwert der beiden Komponenten identisch. In diesen Fällen ist die Eigenkapitalkomponente mit dem Wert Null anzusetzen.

139 Im Erfüllungszeitpunkt ist die Schuldkomponente neu zu bewerten. Wählt der Bezugsberechtigte die **Erfüllung in Eigenkapitalinstrumenten**, ist die Verbindlichkeit direkt ins Eigenkapital umzubuchen (IFRS 2.39). Entscheidet sich der Bezugsberechtigte indes für den Barausgleich, dient die Barzahlung vollständig der Erfüllung der Schuldkomponente (IFRS 2.40). Mit der Wahl des Barausgleichs verfällt das Recht auf Bezug von Eigenkapitalinstrumenten. Die ggf. vorher erfasste Eigenkapitalkomponente verbleibt im Eigenkapital, wobei eine Umbuchung zwischen verschiedenen Eigenkapitalkomponenten zulässig ist. Zur Notwendigkeit der Umbuchung vgl. Rn 107.

140 **2. Wahlrecht beim Unternehmen.** Hat das Unternehmen die Wahl, die anteilsbasierten Vergütungen in bar (bzw. in anderen Vermögenswerten) oder in eigenen Eigenkapitalinstrumenten zu erfüllen, hat es zunächst zu prüfen, ob ggf. auf Grund rechtlicher Beschränkungen, auf Basis bestehender Richtlinien oder vergangener betrieblicher Übung **faktisch eine Verpflichtung** zum Barausgleich besteht. In diesen Fällen richtet sich die Bilanzierung nach den Vorschriften für anteilsbasierte Vergütungen mit Barausgleich (IFRS 2.41-42).

141 Besteht eine solche (faktische) Verpflichtung nicht, sind die Vorschriften für anteilsbasierte Vergütungen mit Ausgleich durch Eigenkapitalinstrumente anzuwenden (IFRS 2.43). Entschließt sich das Unternehmen zur **Erfüllung** in bar, ist dies wie ein Rückkauf der ausgegebenen Optionen zu bilanzieren (IFRS 2.43(a) vgl. Rn 121). Übersteigt im Erfüllungszeitpunkt die Barzahlung den beizulegenden Zeit-

wert der Eigenkapitalinstrumente, ist in Höhe der Differenz ein zusätzlicher Aufwand zu erfassen (IFRS 2.43(c)). Unterstellt wird, dass dem Unternehmen zusätzliche Dienstleistungen zugeflossen sind (IFRS 2.BC268), wenn es sich freiwillig für den höherwertigen Erfüllungsweg entscheidet. Entschließt sich das Unternehmen hingegen zur Erfüllung in Eigenkapitalinstrumenten, sind abgesehen von möglichen Umbuchungen innerhalb des Eigenkapitals, keine weiteren Buchungen vorzunehmen. Lediglich wenn der beizulegende Zeitwert der Eigenkapitalinstrumente im Erfüllungszeitpunkt die mögliche Barzahlung übersteigt, ist auch in diesem Fall ein zusätzlicher Aufwand in Höhe der Differenz zu erfassen (IFRS 2.43(c)).

VIII. Ausweis und Anhangangaben. Der aus der anteilsbasierten Vergütung resultierende Aufwand ist entsprechend des gewählten Formats entweder in den entsprechenden Primärkostenarten (Gesamtkostenverfahren) **auszuweisen**, also z.B. Personalaufwand bei Mitarbeitervergütungen, bzw. den entsprechenden Funktionsbereichen (Umsatzkostenverfahren) zuzuordnen. Die Gegenbuchung erfolgt für anteilsbasierte Vergütungen mit Ausgleich durch Eigenkapitalinstrumente im Eigenkapital und für anteilsbasierte Vergütungen mit Barausgleich in den Schulden. Nähere Ausweisvorschriften enthält IFRS nicht. Bezüglich der Ausweisfrage im Eigenkapital vgl. Rn 102. Die Verbindlichkeiten sind wegen der mit ihnen verbundenen Unsicherheit sinnvollerweise unter den Rückstellungen auszuweisen.[85]

142

Die notwendigen **Anhangangaben** sollen dem Adressaten ein Verständnis bezüglich Art und Ausmaß der in der Berichtsperiode bestehenden anteilsbasierten Vergütungen vermitteln (IFRS 2.44). Strukturell unterscheidet der Standard dabei drei wesentliche Themenblöcke, zu denen detaillierte Angaben gefordert werden:

143

a) Angaben zu Art und Inhalt der bestehenden anteilsbasierten Vergütungen (IFRS 2.45) und Beschreibung der wesentlichen Optionsbedingungen,

b) Angaben zur Ermittlung der beizulegenden Zeitwerte der verschiedenen Transaktionen (IFRS 2.46-49), wie z.B. das verwendete Optionspreismodell und die Ermittlung der wesentlichen Parameter. Dazu gehört auch die Angabe von Gründen, falls mangels direkter Bewertbarkeit der erhaltenen Güter und Dienstleistungen die indirekte Bewertung angewendet wurde (IFRS 2.49),

c) Angaben zu den Auswirkungen der anteilsbasierten Vergütungen auf das Periodenergebnis und die Vermögens- und Finanzlage (IFRS 2.50-51).

Darüber hinaus sind weitere Angaben erforderlich, wenn die kodifizierten Angabepflichten nicht für die Vermittlung eines Verständnisses gem. dem Grundsatz nach IFRS 2.44 genügen (IFRS 2.52). Daneben ergeben sich für deutsche Unternehmen ggf. weitere Angabepflichten aus dem Vorschriften des HGB[86] und bei Beachtung des deutschen Corporate Governance Codex.

144

IX. Inkrafttreten und Übergangsvorschriften. Der Standard in seiner gegenwärtig vorliegenden Form war erstmals auf Geschäftsjahre, die am oder nach dem 1. Januar 2005 beginnen anzuwenden (IFRS 2.60). Die erstmalige Anwendung erfolgte grundsätzlich rückwirkend, war jedoch bei anteilsbasierten Vergütungen mit Ausgleich durch Eigenkapitalinstrumente auf solche begrenzt, die nach dem 7. November 2002 gewährt wurden und die bis zum Inkrafttreten des Standards noch nicht ausübbar geworden sind (IFRS 2.53). Bezüglich der Verbindlichkeiten war eine volle Rückwirkung für sämtliche Informationen vorgesehen, die sich auf Zeiträume nach dem 7. November 2002 beziehen (IFRS 2.58). Das die Rückwirkung begrenzende Datum ist die Veröffentlichung des Standardentwurfs ED 2.

145

Die **Ergänzungen** bezüglich der Abgrenzung und der Behandlung von **Nicht-Ausübungsbedingungen** waren erstmalig retrospektiv für Geschäftsjahre anzuwenden, die am oder nach dem 1. Januar 2009 beginnen (IFRS 2.62). Die Ergänzungen des Standards mit den Regelungen zu den **Konzernplänen mit**

146

---

85 Vgl. *Freiberg/Lüdenbach* Haufe-Kommentar, §23 Rn 178.
86 Vgl. *Strieder* DB 2005, 957.

Barausgleich waren erstmalig retrospektiv für Geschäftsjahre anzuwenden, die am oder nach dem 1. Januar 2010 beginnen (IFRS 2.63). In diesem Zusammenhang wurden die IFRIC 8 und IFRIC 11 außer Kraft gesetzt (IFRS 2.64).

147   **X. IFRS für kleine und mittelgroße Unternehmen.** Ursprünglich hatte das IASB vorgesehen, keine weiteren Erleichterungen für kleine und mittelständische Unternehmen im Hinblick auf anteilsbasierte Vergütungen im IFRS-SMEs zu gewähren. Das IASB war der Ansicht, dass IFRS 2 mit der Möglichkeit der Bewertung zum inneren Wert bereits ausreichende Erleichterungen für kleine und mittelständische Unternehmen enthält. In den Stellungnahmen zum Entwurf wurde aber deutlich, dass die Bewertung zum inneren Wert für kleine und mittelständische Unternehmen keine wesentliche Erleichterung darstellen. Dies vor allem deshalb, weil bei der Bewertung zum inneren Wert der beizulegender Zeitwert der zugrunde liegenden Aktie (bzw. Anteilen) zu jedem Berichtsstichtag bekannt sein muss. Da kleine und mittelständische Unternehmen, die im Anwendungsbereich des IFRS- SMEs sind, nicht börsennotiert sind, wäre daher folglich zu jedem Abschlussstichtag eine Bewertung der Aktien bzw. der Anteile vorzunehmen, mithin eine vollständige Unternehmensbewertung durchzuführen.

148   Zwar fordert auch IFRS-SMEs Abschnitt 26.7 grundsätzlich die Berücksichtigung von Aufwendungen aus anteilsbasierten Vergütungen, die durch die Ausgabe von Eigenkapitalinstrumenten ausgeglichen werden. Für Mitarbeiter und ähnliche Parteien ist dabei der beizulegende Zeitwert im Gewährungszeitpunkt maßgeblich (IFRS-SMEs Abschnitt 26.8). Bezüglich der Wertermittlung sieht der IFRS-SMEs jedoch grundsätzlich den Ansatz mit beobachtbaren Marktpreisen vor. Falls diese nicht vorhanden sind, soll die Bewertung zum *director's best estimate* erfolgen, ohne diesen näher zu präzisieren. Die Anwendung von komplexen Optionspreismodellen ist damit für kleine und mittelständische Unternehmen nicht obligatorisch.

149   Weitere **Bewertungserleichterungen** sieht der IFRS-SMEs hinsichtlich (der eher seltenen) anteilsbasierten Vergütungen mit Erfüllungswahlrecht vor. Hier schreibt IFRS-SMEs Abschnitt 26.15 vor, dass diese grundsätzlich als anteilsbasierte Vergütung mit Barausgleich zu bilanzieren sind, es sei denn, der Barauszahlungsalternative fehlt die wirtschaftliche Substanz. Das IASB geht offensichtlich davon aus, dass die Bilanzierung von anteilsbasierten Vergütungen mit Barausgleich weniger komplex ist. Im Hinblick darauf, dass auch die resultierende Verpflichtung zum beizulegenden Zeitwert anzusetzen ist und dieser auf der selben Grundlage wie für eigenkapitalbasierte Vergütungen zu ermitteln ist und darüber hinaus zu jedem Abschlussstichtag und am Erfüllungstag eine Neubewertung erforderlich ist, sind erhebliche Zweifel angebracht.

150   In Bezug auf die **Offenlegungsvorschriften** fordert der IFRS-SMEs grundsätzlich die gleichen Grundinformationen zu Art der anteilsbasierten Vergütung, Ermittlung des beizulegenden Zeitwertes und zum Ausmaß auf das Periodenergebnis und die Vermögenslage, verlangt allerdings erheblich weniger Detailangaben.

151   **XI. Ausblick.** Gegenwärtig stehen keine grösseren Projekte zur Überarbeitung des IFRS 2 auf der Agenda des IASB. Ebenso hat das IFRIC beschlossen, sämtliche bisherigen Anfragen zum IFRS 2 nicht im Rahmen einer Interpretation abzuhandeln. Inwieweit IFRS 2 von anderen anhängigen Projekten tangiert wird (z.B. IFRS 9, IAS 37, Eigenkapitalabgrenzung) wird sich zeigen.

Literaturverzeichnis[1]

Adler/Düring/Schmaltz (Hrsg.) Rechnungslegung und Prüfung der Unternehmen, 6. Auflage, Stuttgart 1986

Baetge/Kirsch/Thiele Konzernbilanzen, 7. Auflage, Düsseldorf 2004

Baetge/Wollmert/Kirsch/Oser/Bischof (Hrsg.) Rechnungslegung nach IFRS – Kommentar auf der Grundlage des deutschen Bilanzrechts, (Rechnungslegung nach IFRS), Suttgart, Loseblatt Dezember 2010

Ballwieser/Beine/Hayn/Peemueller/Schruff/Weber Wiley - Handbuch IFRS 2011, Weinheim 2011 (Wiley)

Bieg/Hoßfeld/Kussmaul/Waschbusch Handbuch der Rechnungslegung nach IFRS, Düsseldorf 2006

Bohl/Riese/Schlueter (Hrsg.) Beck'sches IFRS-Handbuch 2. Auflage, München 2006

Buschhüter/Striegel (Hrsg.) Internationale Rechnungslegung – IFRS Praxis, Wiesbaden 2008 (IFRS Praxis)

Busse von Colbe/Ordelheide/Gebhardt/Pellens Konzernabschlüsse, 9. Auflage, Wiesbaden 2009

Deloitte (Hrsg.) Assets held for sale and discontinued Operations, London 2008

Deloitte (Hrsg.) Business combinations and changes in ownership interests, London 2008

Deloitte (Hrsg.) iGAAP - IFRS Reporting in the UK, London 2009 (iGAAP)*

Deloitte LLP (Hrsg.) iGAAP – Financial Instruments: IAS 32, IAS 39, IFRS 7 and IFRS 9 explained, 6. Aufl., London 2009 (iGAAP Financial Instruments)

von Eitzen/Dahlke Bilanzierung von Steuerpositionen nach IFRS - Latente Steuern im Einzel- und Konzernabschluss, Steuerrisiken, Zwischenberichterstattung, Wiesbaden 2008

Ellrott/Förschle/Kozikowski/Winkeljohann (Hrsg.) Beck'scher Bilanzkommentar, 7. Auflage, München 2010

Ernst & Young (Hrsg.) International GAAP, Chichester 2008 (International GAAP)*

Ernst & Young (Hrsg.) Praktische Hinweise zur Umsetzung der Vorschriften des IFRS 8 Operating Segments, London 2007

Gelhausen/Pape/Schruff (Hrsg.) Adler/Düring/Schmaltz: Rechnungslegung nach internationalen Standards, Loseblatt Stuttgart 2007

Handlbauer et al.(Hrsg.) Perspektiven im Strategischen Management: Festschrift anläßlich des 60. Geburtstages von Prof. Hans H. Hinterhuber, Berlin/New York 1998

Hayn/Graf Waldersee IFRS/US-GAAP/HGB im Vergleich - Synoptische Darstellung für den Einzel- und Konzernabschluss, 6. Auflage, Stuttgart 2009

He Joint Venture im Lichte der Theorie der Unternehmung, Herzogenrath 1998

Heuser/Theile/Pawelzik IAS/IFRS Handbuch, 3. Auflage, Köln 2007

Hirschböck/Kerschbaumer/Schurbohm IFRS für Führungskräfte,Wien 2007

---

1   entnommen aus Buschhüter/Striegel (Hrsg.), Internationale Rechnungslegung – IFRS Kommentar, Wiesbaden 2001

Hommel/Wüstemann Synopse der Rechnungslegung nach HGB und IFRS, München 2006

Keitz Praxis der IASB-Rechnungslegung, 2. Auflage, Stuttgart 2005

Kolvenbach/Sartoris (Hrsg.) Bilanzielle Auslagerung von Pensionsverpflichtungen, Stuttgart, 2004

KMPG (Hrsg.) IFRS a visual approach, London 2008

KPMG (Hrsg.) IFRS compared to US GAAP, London 2008

KPMG (Hrsg.) Insights into IFRS 5. Auflage, London 2008 (Insights)*

KPMG (Hrsg.) Insurance Accounting under IFRS, London 2004

KPMG (Hrsg.) Die Umsetzung von IFRS 4 in den Konzernabschlüssen deutscher Versicherungsunternehmen, Berlin 2004

KPMG (Hrsg.) IFRS aktuell, 1. Auflage., Stuttgart 2004.

KPMG (Hrsg.) First Impressions IFRIC 12, London 2007

KPMG (Hrsg.) Eigenkapital versus Fremdkapital nach IFRS, Stuttgart 2008

Kessler/Sauter (Hrsg.) Handbuch Stock Options: Rechtliche, steuerliche und bilanzielle Darstellung von Mitarbeiterbeteiligungen, München 2003 (Handbuch Stock Options)

Küting/Weber Der Konzernabschluss - Praxis der Konzernrechnungslegung nach HGB und IFRS, 10. Auflage, Stuttgart 2008 (Konzernabschluss)

Kuhn/Scharpf Rechnungslegung von Financial Instruments nach IFRS, 3. Auflage, Stuttgart 2006

Lane, Clark & Peacock LLP (Hrsg.) Accounting for Pensions 2010, London 2010

Lienau Bilanzierung latenter Steuern im Konzernabschluss nach IFRS, Düsseldorf 2006

Lüdenbach/Hoffmann (Hrsg.) Haufe IFRS-Kommentar, 6. Auflage, Freiburg im Breisgau 2008 (Haufe-Kommentar)*

Meyer/Loitz/Linder/Zerwas Latente Steuern, 2. Auflage, Wiesbaden 2010

Nguyen Rechnungslegung von Versicherungsunternehmen, Karlsruhe 2008

Paul Praxishandbuch der Unternehmensbewertung, 4. Auflage, Berlin 2009

Pellens/Fülbier/Gassen/Sellhorn Internationale Rechnungslegung, 7. Auflage, Stuttgart 2008.

Pfaff/Nagel/Wittkowski Lizenzverträge, München 2010

Picot (Hrsg.) Vertragsrecht, Unternehmenskauf und Restrukturierung, 3. Auflage München 2004

Plock Ertragsrealisation nach IFRS, Düsseldorf 2004

Poerschke Die Bilanzierung von zur Veräußerung gehaltenem Vermögen nach IFRS, Düsseldorf 2006.

PwC (Hrsg.) A practical guide to segment reporting, London 2008

PwC (Hrsg.) IFRS Manual of Accounting 2009, London 2008 (IFRS Manual)*

PwC (Hrsg.) Reporting under the new regime: A survey of 2005 IFRS insurance annual reports London 2006

PwC (Hrsg.) Understanding IAS, 3. Auflage, London 2003

Respondek IFRS 5: Die Bilanzierung zur Veräußerung gehaltener Vermögenswerte und aufgegebener Geschäftsbereiche, Hamburg 2009

Rockel/Helten/Loy/Ott/Sauer Versicherungsbilanzen, Stuttgart 2007

Schmotz Pro-forma-Abschlüsse – Herstellung der Vergleichbarkeit von Rechnungslegungsinformationen, Wiesbaden 2004

Siegel/Klein/Schneider/Schwintowsky (Hrsg.) Unternehmungen, Versicherungen und Rechnungswesen: Festschrift zur Vollendung des 65. Lebensjahres von Dieter Rückle, Berlin 2006 (Unternehmungen, Versicherungen und Rechnungswesen)

Thiele/von Keitz/Brücks (Hrsg.) Internationales Bilanzrecht – Rechnungslegung nach IFRS, Bonn, Loseblatt Februar 2008 (Internationales Bilanzrecht)

Vater et al. (Hrsg.) IFRS Änderungskommentar, Stuttgart 2009

Weber/ Lorson/Pfitzer /Kessler/Wirth (Hrsg.) Berichterstattung für den Kapitalmarkt Festschrift für Karlheinz Küting zum 65. Geburtstag, Stuttgart 2008

Winnefeld Bilanzhandbuch, 4. Auflage, München 2006

Zülch/Hendler Bilanzierung nach International Financial Reporting Standards (IFRS), Weinheim 2009 (Bilanzierung nach IFRS)

* Der Autor hat zum Teil aktuellere Auflagen als die hier zitierte verwendet.

Lizenz zum Wissen.

Sichern Sie sich umfassendes Wirtschaftswissen mit Sofortzugriff auf tausende Fachbücher und Fachzeitschriften aus den Bereichen: Management, Finance & Controlling, Business IT, Marketing, Public Relations, Vertrieb und Banking.

Exklusiv für Leser von Springer-Fachbüchern: Testen Sie Springer für Professionals 30 Tage unverbindlich. Nutzen Sie dazu im Bestellverlauf Ihren persönlichen Aktionscode **C0005407** auf *www.springerprofessional.de/buchkunden/*

Jetzt 30 Tage testen!

Springer für Professionals.
Digitale Fachbibliothek. Themen-Scout. Knowledge-Manager.

- 🔍 Zugriff auf tausende von Fachbüchern und Fachzeitschriften
- 🕑 Selektion, Komprimierung und Verknüpfung relevanter Themen durch Fachredaktionen
- 🖋 Tools zur persönlichen Wissensorganisation und Vernetzung

www.entschieden-intelligenter.de

Springer für Professionals

 Springer

The manufacturer's authorised representative in the EU is Springer
Nature Customer Service Centre GmbH, Europaplatz 3, 69115 Heidelberg,
Germany. If you have any concerns regarding our products, please
contact ProductSafety@springernature.com

Printed and bound by CPI Group (UK) Ltd, Croydon, CR0 4YY

27/04/2026

02097625-0007